Pietro Archiati

MACHT
oder
MENSCHLICHKEIT

Geld und Geist in der Weltwirtschaft

DreiEinsVerlag

ISBN 3-9807195-1-0

© 2000 DreiEinsVerlag GmbH
Dingerdisser Heide 141
33699 Bielefeld

Redaktion: Anne Stalfort
Lektorat TEXT + STIL, Hamburg
Umschlaggestaltung: WERBESTUDIO HILD & PARTNER, Bielefeld
Druck: Hans Kock Buch- und Offsetdruck GmbH, Bielefeld

Inhalt

Vorwort

Dieses Buch gibt im Wesentlichen den Inhalt eines Seminars zum Thema „Geld und Geist" wieder, das ich im Herbst 1999 in München gehalten habe. Auf Wunsch des Verlages habe ich versucht, möglichst viel von der Lebendigkeit der Seminardiskussion für die Leserinnen und Leser zu bewahren. Diese Umgestaltung war schwieriger, als ich angenommen hatte. Der Unterschied zwischen dem, was für das Zuhören ausgesprochen, und dem, was für das Lesen niedergeschrieben wird, ist beachtlich. Der gedruckte Text erhebt Anspruch auf eine gewisse Endgültigkeit, die im Prozeß des Vortragens weder erreicht werden kann noch soll. Dieses Buch ist also weit mehr als nur ein redigiertes Seminarprotokoll.

Einige hilfreiche Fragen der Teilnehmenden habe ich fast wörtlich übernommen, viele nicht weniger wichtige sind ausgelassen. Stattdessen habe ich mir erlaubt, mehrere Einwände einzubauen, die erst nach dem Seminar geäußert wurden. Sie stammen zumeist von jenen, die das Entstehen dieses Buches mit Rat und Tat begleitet haben.

In diesem Buch versuche ich, die heutigen Grundeinstellungen im Umgang mit Geld zu verdeutlichen. Diese oft unbewußten Vorurteile prägen unseren Alltag und das Wirtschaftsleben entscheidend. Ihren Folgen nachzugehen, mag manchmal überraschend, ja sogar provokativ sein. Und doch kann diese Provokation erkennen lassen, wo ungenutze Möglichkeiten für eine sinnvollere Gestaltung unseres Lebens liegen. Es reicht nicht aus, Althergebrachtes zu kritisieren, sondern es geht darum, einen Weg zu beschreiben und zu beschreiten, der eine

Erneuerung der gesamten Kultur herbeiführen kann. Dieser Weg ist die Wiederentdeckung des Menschen als eines schöpferischen Geistes.

Pietro Archiati
Bad Liebenzell im Schwarzwald, Herbst 2000

1. Geld und Geist

Die Wahl zwischen Macht und Menschlichkeit treffen wir – bewußt oder unbewußt – immer wieder. Selbst bei unseren unbedeutendsten Entscheidungen geht es uns entweder hauptsächlich um die Durchsetzung unserer eigenen Interessen (das ist mit Macht gemeint) oder wir nehmen die Interessen der anderen Menschen nicht weniger wichtig als unsere eigenen (das wäre Menschlichkeit). Angesichts dieser Alternative ist es kaum verwunderlich, daß Menschlichkeit seltener zu finden ist als Macht. Und wenn die Menschlichkeit den Menschen schwerer fällt, lohnt es sich dann überhaupt, sie anzustreben?

Eine Wahl zwischen Geist und Geld hingegen wäre geradezu fatal. Geist ohne Geld bedeutet Ohnmacht. Man hätte keine Möglichkeit, in den Lauf der Welt einzugreifen und wäre ständig der Versuchung ausgesetzt, sich resigniert in die Bequemlichkeiten des Privatlebens zurückzuziehen. Geld ohne Geist gibt es ebensowenig, denn auch zum Geldverdienen gehört mehr oder weniger Verstand.

Wenn zwischen Geld und Geist also nicht gewählt werden kann, dann besteht die Kunst darin, die richtige Mischung dieser beiden zu finden. Vereinfacht ausgedrückt: Geld als Mittel für den Geist tut den Menschen gut, denn es fördert die Menschlichkeit. Geist als Mittel für das Geld – wenn Geld zum alleinigen Zweck wird – erzeugt Macht und diese fördert die Menschlichkeit keineswegs.

Was genau bedeutet „Geist"? Ich verwende diesen Begriff gleichbedeutend mit „Mensch", nur meine ich damit den ganzen Menschen, nicht nur seine materielle Seite. In den folgenden

9

Kapiteln werde ich versuchen, den Begriff des Geistes – und somit des ganzen Menschen –, immer deutlicher herauszuarbeiten. Zu diesem Zweck gehe ich besonders auf das Spannungsverhältnis zwischen Bedürfnissen und Begabungen ein. Die Bemühungen der Wirtschaft sind größtenteils nur auf körperliche Bedürfnisse ausgerichtet. Aber was Menschen glücklich macht, ist die Freude bei der Entfaltung ihrer eigenen Fähigkeiten.

So schwierig heute der Begriff des Geistes geworden ist, so einfach scheint der Begriff des Geldes zu sein. Geld ist im Grunde reines Mittel zum Zweck. Eine Auseinandersetzung über Geld ist nur dann fruchtbar, wenn wir uns darauf konzentrieren, wie Menschen mit Geld umgehen. Eine Diskussion über das Wesen des Geldes an sich führt zu nichts. Geld zeigt sein wahres Gesicht erst in seiner Anwendung.

Fachmann und Jedermann

Die Fachleute in Sachen Geld warnen uns oft, daß die Finanzwelt etwas sehr Kompliziertes sei, besonders angesichts der unüberschaubar globalisierten Wirtschaft. Sie sagen, daß es selbst für Experten sehr schwierig sei, einen Überblick zu gewinnen und zu behalten. Eine solche Einschätzung nimmt allen Laien die Möglichkeit, einen eigenen Standpunkt zu entwickeln und mitzureden.

Natürlich gehört zur Ausübung eines Berufes ein Fachwissen, das nur diejenigen besitzen, die es durch die entsprechende Ausbildung und Erfahrung erworben haben. Ein einzelner Mensch kann dies nur in einem Fachgebiet oder in einigen wenigen Berufen erreichen. Aber alle sind fähig, sich ein Urteil darüber zu bilden, wie sich die Tätigkeit der Fachleute in vielen verschiedenen Bereichen auswirkt. Diese Urteilsbildung ist eine Aufgabe, die jeder Mensch hat, ja, sie ist sogar eine Verantwortung.

Niemand muß Ärztin oder Arzt sein, um gesund zu leben. Nicht der Mensch ist besser dran, der immer wieder krank wird und auf die Hilfe von Experten angewiesen ist, sondern derjenige, der selbst für seine Gesundheit sorgen kann. Nicht nur Kernphysiker können sich ein Urteil darüber bilden, welche Konsequenzen die Handlungen von Kernphysikern haben können. Die Folgen von Tschernobyl kann jeder wahrnehmen und beurteilen, auch ohne Experte zu sein. Es ist auch nicht nötig, ein Studium der Biologie zu absolvieren, um abzuschätzen, ob genmanipulierte Lebensmittel gesundheitsschädlich sind oder nicht.

Daß viele Menschen sich in dieser Hinsicht kein Urteil zutrauen, bedeutet nicht, daß sie nicht urteilsfähig sind. Eine Gentechnikerin muß zwar Fachwissen besitzen, um bestimmte Lebensmittel genetisch verändern zu können. Wie aber ihre Tätigkeit sich auf die Menschen auswirkt, darüber kann und muß sich jeder einzelne aufgrund eigener Beobachtungen und Erfahrungen ein eigenes Urteil bilden.

Warum sollte es beim Geld anders sein? Nicht jeder kann das Geschehen an den Börsen durchschauen, nicht jeder kann dort ohne weiteres mitspielen. Dazu gehört das entsprechende Fachwissen. Sich aber Gedanken darüber zu machen, wie sich das Börsengeschehen auf die Menschheit auswirkt, dazu muß man kein Experte sein. Im Gegensatz zum spezialisierten Wissen ist hier sogar ein möglichst umfassendes Wissen gefragt – ein Wissen über die Natur und die Umwelt des Menschen und über ihre Abhängigkeit voneinander.

Fachleute können sich nur durch Einschränkung ihres Tätigkeitsbereiches für ihr Fachgebiet qualifizieren. Aber die Wirkungen ihres Tuns bleiben nie eingeschränkt, sie übertragen sich

immer auf das Ganze, auf Menschen und Umwelt. Eine Urteilsbildung über die Folgen dessen, was die Experten tun, ist deshalb nur möglich, wenn man den Prozeß der Spezialisierung
umkehrt, wenn man das Blickfeld erweitert und die Wirkungen
auf das Ganze zu erfassen versucht – auf den ganzen Menschen,
die ganze Menschheit und die ganze Erde.

Die Tragik liegt darin, daß heute oft nur das als wissen-
schaftlich gilt, was spezialisiert ist. Viele Wissenschaftlerinnen
und Wisenschaftler sind sich schnell einig, jemanden als Dilet-
tanten abzustempeln, der sich auf die Auswirkungen ihres
Tuns auf das Ganze „spezialisiert". Auf diese Weise wird verhindert, daß möglichst viele Menschen sich ein Urteil über die
Wirkungen von Wissenschaft und Technik auf das Ganze bilden können. Aber eben dieses Urteil ist heute unverzichtbar.

Die Gentechnologen arbeiten zum Beispiel fieberhaft
daran, die Schöpfung von Grund auf umzubilden. Haben diese
Experten eine Vorstellung davon, wie sich ihre Eingriffe auf
den ganzen Menschen und auf die Natur insgesamt auswirken? Wissen sie, wie Mensch und Umwelt morgen und über-
morgen darauf reagieren werden? Ist es nicht tragisch, daß
Unternehmer und Wissenschaftler, die ein finanzielles Interesse an diesem Geschäft haben, jeden als Panikmacher
abstempeln, der diese Frage stellt?

Für das Geld gilt Ähnliches: Finanzfachleute sind weltweit
in ihren jeweiligen Spezialbereichen tätig. Das ist wichtig, aber
ebenso wichtig ist es, daß mehr und mehr Menschen sich ein
Urteil darüber bilden, wie sich die Regeln der Geldwirtschaft
auf die ganze Menschheit und auf die Umwelt auswirken.

Ein Vergleich mit dem physiologischen Organismus des
Menschen kann diese Notwendigkeit verdeutlichen. Es ist
offensichtlich, daß alles medizinische Fachwissen über Herz

oder Hirn oder eine bestimmte Krankheit nur dann Sinn hat, wenn das Wirken des spezialisierten Arztes die Gesundung des ganzen Körpers fördert. Denn Gesundheit als solche ist nicht auf einen isolierten Bereich im Körper beschränkt, sondern umfaßt den ganzen Körper als unteilbare Einheit. Und jeder einzelne Mensch kann beurteilen, ob ein Eingriff oder ein Medikament ihn gesund macht oder nicht. Denn wer kennt den eigenen Körper besser als man selbst?

Das Geld erfüllt eine vergleichbare Funktion im sozialen Organismus wie das Blut im physiologischen. Inhaltsstoffe der Nahrung gelangen ins Blut, und das Blut belebt durch seinen feinverzweigten Umlauf alle Zellen des Körpers. Ähnlich das Geld: Alle Dinge können durch Verkauf in Geld verwandelt werden, und das Geld kann wiederum durch den Kauf in alle Dingen zurückverwandelt werden. So wie das Geld im wirtschaftlichen Organismus zirkuliert, wirkt auch der Blutkreislauf in der feinsten Verzweigung. Der Körper könnte nicht gesund bleiben, wenn sich das Blut irgendwo stauen würde, wenn an einer Stelle zu viel und an der anderen zu wenig davon vorhanden wäre.

Geld für Leib und Seele

Alles, was wir zum Leben brauchen und mit Geld erwerben können, kann zwei Bereichen zugeordnet werden. Der erste besteht aus den körperlichen Bedürfnissen der Menschen. Hier findet die erste Konkretisierung des Geldes statt, denn Geld steht hier ganz konkret für all die Dinge, die wir für unser körperliches Wohlbefinden brauchen. Der Körper erscheint wie eine Summe von Bedürfnissen und diese Grundbedürfnisse lassen sich nicht ignorieren.

Aber der Mensch besteht nicht nur aus seinem Körper, er hat auch ein inneres Leben, er hat Gefühle und Ideale, Wünsche und Interessen, Pläne und Erwartungen. Diese innere Welt kann man auch als „Seele" bezeichnen.

Wenn heute der Geburtstag meiner Freundin ist, sind es nicht unsere Körper, die das Bedürfnis nach einem Rosenstrauß haben. Aber ich spüre in mir die Sehnsucht, ihr eine Freude zu machen, und das macht auch mir Freude. Sie wird ihrerseits die Rosen nicht essen, denn sie sind nicht zur Erhaltung ihres Körpers bestimmt. Aber in ihrer Seele bewirken sie ein Gefühl der Freude.

Jeder Mensch trägt in sich eine Welt der Freuden und Schmerzen, der Begierden, Triebe und Leidenschaften, der Sympathien und Antipathien, der Hoffnungen und Sorgen. Auch diese innere Welt braucht immer wieder Geld. Die Blumenverkäuferin wird mir die Rosen nicht schenken, sie wird mir sagen, wieviel sie kosten. Die Freude am Rosenschenken, dieses rein innere Bedürfnis, wird umgesetzt in Geld, und ich muß die Rosen bezahlen.

Die innere Welt ist nicht weniger vielfältig als die Welt der rein körperlichen Bedürfnisse. Vorlieben und Leidenschaften haben viel mehr mit der Seele als mit dem Leib zu tun. Eine Frau hat vielleicht ein ganzes Jahr lang von einem Segelboot geschwärmt, aber jetzt ist ein anderes Interesse erwacht, jetzt träumt sie vielleicht nur von Motorrädern. Nicht ihr Körper hat sich inzwischen verändert, sondern ihre Lebenseinstellung. Im Inneren jedes Menschen gibt es viel mehr Entwicklung und Veränderung als auf der Ebene des Körpers. Und deshalb brauchen wir viel mehr Geld für unsere Seele als für unseren Körper, so überraschend das auch klingen mag.

Alles was körperlich ist, ist einem „Muß" unterworfen. Es gibt nicht viel Spielraum. Wenn es um Bedürfnisse des Körpers geht, heißt es meistens schlicht: „Ich muß." Die Bedürfnisse der Seele hingegen „müssen" nicht sein. Hier spielt der freie Wille eine große Rolle. Wenn ich Lust habe, Musik zu hören, spüre ich kein „Muß". Ich möchte Musik hören, oder ich will, aber ganz ohne Zwang. Es ist die Natur des Menschen, die die Rangordnung der körperlichen Bedürfnisse bestimmt. Die Werteskala der seelischen Neigungen hängt eher von der jeweiligen Kultur und von der Eigenart des Individuums ab.

Wo bleibt der Geist?

Das was ich die Welt der Seele, die innere Welt genannt habe, umfaßt zwei sehr verschiedene Bereiche. Wir können sie „Seele" und „Geist" nennen, nur ist es wichtig, diese Worte auf etwas Reales zu beziehen. Wenn ich hungrig im Restaurant sitze und Spaghetti bestelle, so meine ich damit nicht nur ein Wort, sondern etwas, was mich satt macht. Mit dem Wort „Spaghetti" allein ist das nicht getan. Genauso sind Seele und Geist nicht nur zwei Worte, sondern zwei Wirklichkeiten.

„Seele" ist alles in uns, was vorübergehend und flüchtig ist – Emotionen, Gefühle, Leidenschaften. Davon gibt es viel mehr, als man denkt. Selbst die größte Wut wird nicht jahrelang unverändert andauern. So wie sie kommt, geht sie auch früher oder später wieder.

Das Wort „Geist" bezieht sich auf alles, was dauerhaft ist. Stellen Sie sich zwei Menschen vor – einen Seelen- und einen Geistesmenschen – die durch den Wald wandern. Der eine ist ganz von den Stimmungen eingenommen, die von der Natur hervorgezaubert werden, er leidet vielleicht unter dem schlechten Wetter oder freut sich über einen Ausblick. Der andere betreibt intensive Beobachtungsstudien, will mehr als nur etwas erleben, will die Phänomene verstehen. Vielleicht vergleicht dieser Mensch die Formen der Pflanzen miteinander oder sinnt über Naturgesetze nach. Es läßt sich unmöglich sagen, welcher von beiden nun besser dran ist. Die Kunst besteht gerade darin, zu wissen, wann die Seelenhingabe und wann die Geistestätigkeit angebracht ist.

Es gibt noch einen anderen Aspekt der Unterscheidung zwischen Seele und Geist. Alles, was vorübergehend ist, ist zu gleicher Zeit subjektiv, es geht nur den etwas an, der es erlebt. Alles, was Geist ist, ist dagegen objektiv, für alle gültig und für alle wichtig. Die Naturgesetze haben auf alle dieselbe Wirkung. Wenn dagegen ein einzelner Mensch traurig ist, ist nicht die ganze Welt mit ihm traurig, sondern es ist eine persönliche Angelegenheit seiner eigenen Seele. Anders zum Beispiel die Sonne: Wenn sie aufgeht, wird es hell, und geht sie unter, wird es finster – ob uns das nun subjektiv gefallen mag oder nicht.

Es gibt vieles in uns, was scheinbar spontan abläuft, was wie von selbst kommt und geht. Aber es gibt auch Dinge, die ohne unser Zutun nicht geschehen würden. Wir haben also die Möglichkeit, innerlich sowohl passiv als auch aktiv zu sein. Passiv heißt leidend, erleidend, vielleicht sogar träge und faul. Dabei erlebt sich der Mensch als Seele. Aktiv sein heißt tätig sein, zumindest mit-tätig – aber im eigentlichen Sinne bedeutet es schöpferisch, erfinderisch, vielleicht sogar genial zu sein. Dann erlebt sich der Mensch als Geist.

Geist ist reine Tätigkeit, reine Schöpferkraft und Erfindungsgabe. Jeder Mensch ist dem Vermögen nach ein Schöpfer in tausenderlei Hinsicht. Nur kann sein Tätigsein eben nicht von selbst geschehen, sonst bliebe er dabei ja un-tätig. Alles

Schöpferische kommt nicht ohne Initiative zustande; es „muß" nicht sein.

Wenn der Mensch es versäumt, als Geist schöpferisch zu sein, dann „läßt er sich gehen", er wird, bildlich ausgedrückt, von allen guten Geistern verlassen. Zurück bleibt dann nur noch seine passive Seele. Er reagiert dann nur, statt zu agieren und ärgert sich obendrein darüber, daß ihm alles mögliche angetan wird oder einfach „passiert". Er merkt nicht, daß es daran liegt, daß er selbst zu wenig unternimmt. Dagegen erlebt ein Mensch sich als geistbegabt, wenn er in allen Lebenslagen selbst die Initiative ergreift.

Auch in der Sprache ist diese Unterscheidung sichtbar. Wenn Sie sich zum Beispiel ärgern, dann haben Sie zwei Möglichkeiten, das auszudrücken. Sie können sagen: „Der Typ da ärgert mich" oder „Der geht mir furchtbar auf die Nerven." Sie können aber auch sagen: „Ich ärgere mich." Im ersten Fall machen Sie einen anderen für Ihren Ärger verantwortlich und erleben sich nur als Seele. Im zweiten Fall sind sie selbst Täterin oder Täter. Das ist viel besser, denn wenn Sie sich selbst ärgern, dann können Sie auch selbst Ihren Ärger beseitigen. Im ersten Fall erwarten Sie vom anderen, daß er aufhört. Und weil der andere es nicht tut, ärgern Sie sich noch viel mehr.

Ein anderes Beispiel ist die Art und Weise, wie wir unser Denken erleben. Wir können uns dabei passiv verhalten, dann erzeugen die Wahrnehmungen der Sinne in uns ganz automatisch die entsprechenden Vorstellungen. Diese entzünden wiederum Gefühle der Sympathie und Antipathie und danach, nicht nach unserem freien Willen, handeln wir dann. Umgekehrt können wir auch unser Denken selbst in die Hand nehmen, die Gedanken wach und schöpferisch gestalten, sie miteinander verbinden und immer faszinierendere Denkzusammenhänge herstellen.

Dieser Unterschied zwischen Geist und Seele zeigt sich besonders deutlich im Umgang mit dem Geld. Der eine sagt: „Von Geld verstehe ich nichts" und nimmt das als Ausrede, um alle Geldprobleme der Welt von sich fernzuhalten. Die andere sagt: „Donnerwetter, das Geld regiert ja wirklich die Welt! Ich muß also das Wesen und Wirken des Geldes durchschauen, wenn ich nicht nur ein Spielball anderer Menschen sein will. Ich will eigene und vernünftige Entscheidungen über mein Geld treffen können." Durch diese tätige und schöpferische Haltung erlebt sich ein Mensch als Geist.

Auch dem Geld gegenüber haben wir die Wahl, es entweder in den Dienst unserer Seele (das heißt, unserer Wünsche und Launen) oder in den Dienst unseres tätigen und schöpferischen Geistes zu stellen. Über die Wirksamkeit des Geldes entscheidet die Art und Weise, wie wir es gebrauchen und welche Folgen dieser Gebrauch für uns selbst und unsere Umwelt hat. Die Spannung zwischen Geist und Geld spiegelt die Spannung zwischen Geist und Körper wider: Wir gebrauchen unser Geld häufig für körperliche und seelische Bedürfnisse, aber kaum einmal für die Förderung unseres Geistes. Unsere Bedürfnisse sind fast ausschließlich darauf ausgerichtet, was wir mittels des Körpers in unserer Seele erleben können. Aber es ist auch möglich, daß sich in der Seele eine echte Leidenschaft für etwas rein Geistiges entwickelt, zum Beispiel für eine Wissenschaft.

2. Die drei Stufen der Wirtschaft

Grundlage für die weiteren Überlegungen über Geld und Geist sind die drei Entwicklungsstufen der Wirtschaft. Die erste war die Stufe der Natural- oder Tauschwirtschaft, die wir heute kaum noch kennen. Tauschwirtschaft heißt, daß ich einen Laib Brot dem gebe, der mir Eier dafür gibt. In jener Zeit war das Geld als Stellvertreter für alle Waren noch nicht erfunden. Wenn einer zu viele Kartoffeln hatte, gab ihm ein anderer Milch dafür. Diese Tauschwirtschaft ist nur auf engstem Raum möglich, wo alle Waren unmittelbar miteinander ausgetauscht werden können. Sie funktioniert nicht mehr, wenn zwei räumlich entfernte Unternehmen miteinander kooperieren. Eine reine Tauschwirtschaft kann nur bestehen, wenn kleine geographische Einheiten sich voneinander abschließen, und die Menschen in ihnen nur untereinander wirtschaften.

Die zweite Stufe der Wirtschaft ist die Geldwirtschaft, in der wir uns heute befinden. Eines Tages entdeckte man, daß es nicht nötig ist, einen Stuhl gegen einen Topf zu tauschen, vor allem, wenn man ohnehin keinen Stuhl mehr braucht. Dafür erfand man ein Geldstück. Das konnte man nun weitergeben und gegen alle Dinge eintauschen.

Was geschah eigentlich in den Köpfen, als das Geld erfunden wurde? Die Bewertung der Dinge verschob sich gewaltig. Stellen Sie sich vor, ich habe ein Huhn und frage einen anderen: „Ich gebe dir ein Huhn, gibst du mir ein Kaninchen dafür?" Woher weiß ich denn jetzt, wieviel ein Huhn und wieviel ein Kaninchen wert ist? Was entscheidet den Wert? Ausschlaggebend ist das reale Bedürfnis, die unmittelbar erlebte Not. Die erste Form der Wirtschaft war also eine Wirtschaft der konkreten natürlichen Bedürfnisse, eben eine Natural-Wirtschaft. So groß mein Bedarf an einer Sache ist, so hoch ist der Wert, den sie für mich hat. In der Tauschwirtschaft war also der Wert der Dinge noch ganz an die individuell erlebten Bedürfnisse gebunden. Aber deshalb war auch die Befriedigung entsprechend, nämlich vollkommen befriedigend. Man bekam, was man wirklich brauchte und war zufrieden. Der Wert war den realen Bedürfnissen zumindest annähernd angepaßt.

Seit der Einführung des Geldes ist der Wert der Dinge abstrakt geworden und dadurch haben sich die wirtschaftlichen Vorgänge verkompliziert. Der Wert der Dinge wird heute nicht mehr unmittelbar erlebt; der Preis kann nicht mehr an den persönlichen Bedürfnissen gemessen werden.

Wer entscheidet zum Beispiel, was ein Buch wert ist? Ich bin Autor, ich schreibe Bücher und habe immer geglaubt, meine Bücher könnten dem Leser mehr wert sein als, sagen wir, ein Paar Schuhe. Aber tatsächlich kosten Schuhe mehr! Das hat natürlich seine Berechtigung, denn ohne Schuhe kann man nicht leben und ohne meine Bücher durchaus. Ich will damit nur sagen: Der Wert der Dinge kann durch das Geld völlig willkürlich werden, weil der unmittelbare Bezug auf den erlebten Bedarf verloren geht. Das Geld macht alles abstrakt, weil es alle Dinge gleich macht, weil sie alle in dasselbe Geld umgesetzt werden. Das Geld ist der große Gleichmacher der Dinge. Nur bei den Menschen ist es der große Ungleichmacher, je nachdem, wie viel oder wie wenig sie davon besitzen.

Die dritte, zukünftige Form der Wirtschaft muß vom Abstrakten wieder zum Konkreten zurück. Nur soll das Konkrete diesmal für den Menschen weniger in den Bedürfnissen seines Körpers liegen als in der Förderung und Pflege seines Geistes, das heißt aller seiner Talente und Fähigkeiten. Die Wirtschaft der Zukunft wird auf die vielfältigen Begabungen der Menschen ebensoviel Gewicht legen wie die Geldwirtschaft auf das abstrakte Geld. Ich nenne diese dritte Form der Wirtschaft deswegen Begabungenwirtschaft oder Fähigkeitenwirtschaft. In dieser Wirtschaftsform ist das höchste Gebot nicht der finanzielle Gewinn, sondern die Förderung der Begabungen aller Menschen. Und wo die Pflege individueller Fähigkeiten eine führende Rolle übernimmt, da werden auch die individuellen Bedürfnisse befriedigt, weil sie eine notwendige Voraussetzung für die Entfaltung aller Talente sind.

Wie können Sie so sicher sein, daß die Fähigkeitenwirtschaft die zukünftige Form sein wird? Ich glaube ja gern, daß sich viele Menschen insgeheim wünschen, es möge eine solche Fähigkeitenwirtschaft geben. Aber gleichzeitig haben doch auch viele Angst davor.

Die Wünsche und Ängste spielen eine wichtige Rolle, weil jeder auf der Grundlage dieser Gefühle wirtschaftliche Entscheidungen trifft. Deshalb ist es durchaus möglich, daß die Menschen den Beginn der Fähigkeitenwirtschaft verzögern oder beschleunigen. Aber dennoch bleibt die Tatsache bestehen, daß jeder einzelne Mensch viele Fähigkeiten hat, die er in die Wirtschaft einbringen kann. Ausnahmslos jeder! Diese Fähigkeiten nach allen Seiten zu fördern, eröffnet bessere wirtschaftliche Perspektiven, als weiterhin nur das Geld in den Vordergrund zu stellen. Geld als Zahlungsmittel wird natürlich weiterhin eine Rolle spielen. Es wird nur zunehmend dazu dienen, menschliche Selbsterfüllung zu erfahren. Diese

Erfüllung umfaßt aber nicht nur die Befriedigung der körperlichen und seelischen Bedürfnisse, wie es in der Naturalwirtschaft vorwiegend der Fall war. Sie zielt vor allem auf den Geist, auf die Entfaltung aller schöpferischen Fähigkeiten, die in einem Menschen stecken. Der neue Grundsatz lautet dann: Glück kann der Mensch nur in der Entfaltung seiner Begabungen und Fähigkeiten erleben.

Diese dritte Form der Wirtschaft kann auch Kreditwirtschaft genannt werden. Bisher verstand man darunter meistens Kredit in Form von Geld – aber das gehört noch zur Geldwirtschaft. Ursprünglich bedeutet das Wort „Kredit" so etwas wie Vertrauen. „Credere" heißt auf lateinisch „glauben" und „Kredit geben" bedeutet „Vertrauen haben". Nur diesmal ist Vertrauen in den Menschen gemeint, während die Geldwirtschaft nur auf Vertrauen in das Geld beruht. Eine der Haupttendenzen der heutigen Wirtschaft liegt darin, daß sich langsam abzeichnet, daß auf Geld immer weniger Verlaß ist. Es ist immer weniger „kreditwürdig". Immer häufiger wird es passieren, daß jemand heute noch denkt, er besäße tausend Mark in bar oder in Aktien, und am nächsten Morgen wacht er auf und hat nur noch siebenhundert.

In den USA, deren Staatsfinanzen zur Zeit gerade die biblischen sieben fetten Jahre hinter sich haben, könnten demnächst durchaus die Jahre der sieben mageren Kühe anbrechen. Und zwar deshalb, weil die dortige Wirtschaft zum großen Teil auf das abstrakte Geld vertraut. Die mageren Jahre beginnen in dem Moment, wenn das Vertrauen der Finanzwelt nachläßt und der Strom der Geldkredite in ein Land versiegt.

Wenn aber mehr und mehr Menschen die bittere Erfahrung machen müssen, daß auf Geld kein Verlaß ist, was werden sie dann tun? Sie werden nach etwas suchen, was zuverlässiger ist als Geld. Sie werden sich fragen: Worauf kann ich wirklich vertrauen? Was wird nicht von heute auf morgen an Wert verlieren? Gibt es vielleicht etwas, was so glaubwürdig und kreditwürdig ist, daß es nicht willkürlich entwertet werden kann?

So etwas gibt es in der Tat: Es sind die menschlichen Begabungen, die vielen Fähigkeiten, die in jedem Menschen vorhanden sind. Von allen Dingen des Lebens sind gerade die menschlichen Fähigkeiten das, was am dauerhaftesten ist. Deswegen braucht ihre Ausprägung und Ausreifung auch so lange. Auch in der Wirtschaft findet sich immer häufiger die Einsicht, daß Menschen vertrauenswürdiger sind als Geld. Immer mehr Unternehmerinnen und Unternehmer und deren Berater sehen in den Menschen das gewinnversprechendste „Kapital", und damit wird es zum wichtigsten Ziel, Menschen zu finden, die genau die Begabungen besitzen, die ein Unternehmen braucht.

3. Die Entdeckung der wirtschaftlichen Freiheit

Wenn das Geld so unzuverlässig ist, warum sind die Menschen dann so in das Geld verliebt? Die Geldwirtschaft muß doch auch ihre guten Seiten haben.

Ohne Zweifel. Jede neue Form der Wirtschaft entsteht aufgrund von Vorteilen, niemals von Nachteilen. Das gilt auch für die Geldwirtschaft: Bei ihrem Entstehen hat sie Vorteile gehabt, aber diese können im Laufe der Zeit in Nachteile umschlagen, wenn sie nicht wiederum den neuen Vorteilen Platz machen, die die nächste Entwicklungsstufe der Wirtschaft mit sich bringt. Die Geldwirtschaft wird ebenso wie die Naturalwirtschaft an einem bestimmten Zeitpunkt von der Entwicklung überholt.

Dabei setze ich zwei Dinge voraus: Erstens, daß alles in Entwicklung begriffen ist, und zweitens, daß die Entwicklung letztlich immer in eine menschenfördernde Richtung geht. Ich setze voraus, daß der Mensch immer das sucht, was für ihn gut ist, und daß er es auch finden kann. Wenn er auf dem Festgefahrenen beharrt, das ihn nicht weiterbringt, dann rächt sich seine Natur so lange, bis er diesen Zustand nicht mehr ertragen kann und sich eines Besseren belehren läßt.

Die Geldwirtschaft hat, verglichen mit der Naturalwirtschaft, einen gewaltigen Vorteil mit sich gebracht, nämlich die Freiheit von Raum und Zeit. Wenn das Geld als Vermittler zwischen Käufer und Verkäufer auftritt, wird die Handlung des Erwerbens in zwei Schritte getrennt: Ich gebe meine Ware und bekomme Geld; ich gebe Geld und bekomme eine Ware.

Wenn ich für meine Ware Geld erhalte, werde ich schlagartig von jeder Bindung an Ort und Zeit befreit. Ich kann mit meinem Geld an allen Orten und zu allen Zeiten die erwünschten Waren erwerben.

Auch die menschlichen Beziehungen werden auf diese Weise befreit. Abhängigkeiten verschwinden, weil Dienstleistungen gebührend bezahlt werden können. Der Empfänger einer Leistung hat beim Bezahlen das Gefühl, seine Schuldigkeit getan zu haben und fortan nichts mehr zu schulden. In der Naturalwirtschaft waren die Menschen viel stärker voneinander abhängig.

Die Freiheit, die die Geldwirtschaft hervorbrachte, beschränkte sich nicht nur auf die persönliche Sphäre, sondern ging noch viel weiter. Nur durch größere Ansammlungen von Kapitalien, also von Geld, ist die Industrialisierung überhaupt möglich geworden. Nicht umsonst nennen wir diese Wirtschaftsform Kapitalismus. Nur in einer Geldwirtschaft ist es möglich, genügend Kapital für die Herstellung, die Anschaffung und den Betrieb von Produktionsmitteln anzuhäufen. Die Herstellung von Autos, um nur ein Beispiel zu erwähnen, wäre ohne entsprechende Kapitalkonzentration in Form von Geld ganz unmöglich.

Damit nicht genug: Was die Ansammlung von Geldkapital vor allem ermöglicht, ist die rationelle Organisation der Arbeit, die Arbeitsteilung. Die Rationalisierung der Arbeit ist eine gewaltige Leistung des Menschengeistes. Alle Mitarbeiter eines Unternehmens verteilen in Form von Geld den Ertrag ihres Einsatzes für die Allgemeinheit unter sich. Es gehört zu den Krankheiten der Geldwirtschaft, daß in diesem Prozeß der rationellen Aufteilung der Arbeit zu einem bestimmten Zeitpunkt die Leistung eines Teils der Mitarbeiter zu einer

Ware gemacht wurde, denn dadurch sind zwei sich bekämpfende Lager – Arbeitgeber und Arbeitnehmer – entstanden.

Wenn eine Form der Wirtschaft die vorangehende ablöst, bedeutet dies nicht, daß die vorherige völlig verschwindet. Sie bleibt als Grundlage für das Neue bestehen. Auch in der Geldwirtschaft werden weiterhin überall und zu jeder Zeit Waren ausgetauscht, nur auf neue Weise. Die Tauschwirtschaft ist also als solche nicht beendet. Die Geldwirtschaft erzeugt ihrerseits zwangsläufig einen Überschuß an Kapital, weil es in der Natur der Arbeitsteilung liegt, daß alle Waren billiger hergestellt werden. Auf diesem Wege entsteht im Laufe der Zeit die Tendenz, das Geld zum alleinigen Ziel des Wirtschaftens zu machen. Nur wenn wir diesen Aspekt ins Auge fassen, können wir die zukünftige Form erkennen, der die Geldwirtschaft nun Platz machen muß. Der Vorteil dieser Form liegt darin, daß der Mensch zum Ziel des Wirtschaftens gemacht wird, und das Geld zu seinem Mittel.

Wir können die Entwicklung der Geldwirtschaft also wiederum in zwei Phasen unterteilen, eine auf- und eine absteigende. Die Vorteile der Geldwirtschaft waren sichtbar, solange die Enge und Unfreiheit der Tauschwirtschaft Stück für Stück überwunden werden mußte. So lange noch zu wenig Geld, zu wenig Kapital für eine echte Weltwirtschaft vorhanden war, mußte die Kapitalbildung immer weiter fortschreiten. Dies ist grundsätzlich so lange der Fall, wie sich noch kein Kapital vom wirtschaftlichen Prozeß loslösen kann und alles wieder im Prozeß der Produktion verbraucht wird. Auch die Zinsen – der Geldgewinn, das beste Zeichen der Produktivität und der Gesundheit eines Unternehmens – werden für das Fortbestehen und für die Erweiterung der Produktion im Dienst der Verbraucher eingesetzt.

Ganz anders wirkt in der Wirtschaft das Geld, das durch die Verzinsung des Zinses erzeugt wird. Da wird das Zinsgeld nicht für die Wirtschaft gebraucht und damit wieder verbraucht, sondern es geschieht das Umgekehrte. Das Geld koppelt sich vom Wirtschaftsprozeß ab, verselbständigt sich und strebt fortan lediglich nach eigener Vermehrung. Wenn dieser Vermehrung keine Grenze durch das Gesetz oder durch die wirtschaftliche Vernunft gesetzt wird, strebt dieses Geld durch Anwendung von Macht nach unbegrenzter Vermehrung.

Zinseszins ist nicht gleich Zins

Wir können die Ungeheuerlichkeit des Zinseszinseffekts, den drastischen Unterschied zwischen begrenzter Zinserzeugung und unbegrenzter Zinseszinserzeugung, durch folgendes Beispiel veranschaulichen. Nehmen wir an, vor zweitausend Jahren wurde ein Pfennig zum Zinseszins von 3 % angelegt. Wenn die Währung konstant geblieben und die jährlichen Zinsen verbraucht worden wären, hätte man damit bis heute ein Kapital von sechzig Pfennig verbrauchen können. Wenn dagegen der Zins nicht verbraucht worden wäre und Zinseszins erzeugt hätte, hätte heute der Besitzer durch den Schachbretteffekt mehr Geld, als in der ganzen Wirtschaft vorhanden ist.

Wenn mehr Geld erzeugt wird, als bei der Erneuerung des Wirtschaftsprozesses wieder verbraucht werden kann, kehrt sich die Richtung der Geldwirtschaft um. Das überschüssige Geld, der Zinseszins, kann das bisherige stabile Gleichgewicht ins Wanken bringen. Jetzt hat nicht nur der Mensch, der durch Leistung Geld erworben hat (also Zins) das Recht, sich selbst wieder Leistungen zu erwerben, sondern auch derjenige, der das als Zinseszins verselbständigte Geld besitzt.

Beim Gelderwerb durch Leistung wird stets etwas verbraucht: Zeit, Kraft, Produktionsmittel, Denkarbeit usw. Dadurch steht dem Gewinn an Geld direkt ein entsprechender Verbrauch gegenüber, eine Entwertung. Beim Gelderwerb durch Zinseszins ist das nicht mehr der Fall. Es kostet im Prinzip die gleiche Zeit, Kraft, Denkarbeit usw., ob ich zehntausend Mark oder eine Million investiere. Es kommt nur darauf an, was dieses Geld bewirkt – ob es verbraucht wird oder einfach vermehrt wieder zurückkommt.

Geld kann in zwei Richtungen investiert werden. Es kann denen zur Verfügung gestellt werden, die wirtschaftlich gesehen zunächst reine Verbraucher sind. Das sind alle Menschen, die in Schulen und Universitäten, in der Kunst und Kultur tätig sind. Diese Berufe können wir deshalb als „Verbraucherberufe" bezeichnen: Sie verbrauchen die schon erwirtschafteten Waren, die materiellen Dienstleistungen anderer, und können umso freier wirtschaftliche Werte schaffen. Dort Kapital zu investieren, ist gerade deswegen so sinnvoll, weil es in diesem Bereich immer um die Förderung von Menschen geht. Eine solche Investition ist eine reine Schenkung, in dem Sinne, daß sie keine schon erbrachte wirtschaftliche Gegenleistung voraussetzt, sondern sie erst für die Zukunft ermöglicht.

Die andere Richtung, in der das überschüssige Kapital investiert werden kann, ist genau entgegengesetzt. Statt Menschen zu fördern, will der Kapitalbesitzer in diesem Fall nur sein Geld weiter vermehren. Statt das Geld – im Hinblick auf seine Entwertung – der Pflege der Kultur zur Verfügung zu stellen, wird es umgekehrt – im Hinblick auf seine Aufwertung – wieder in den Wirtschaftsprozeß eingebracht. Diese Aufwertung kann nur durch Ausbeutung des Wirtschaftsprozesses geschehen, denn dieses Kapital setzt nun zwei Zerstörungsprozesse in Gang: Zum einen wird die Wirtschaft zur ununterbrochenen und von den Bedürfnissen abgekoppelten Produktionssteigerung gezwungen, was unter anderem verheerende Folgen für die Umwelt hat. Zum anderen müssen für die gesteigerte Produktion neue Absatzmärkte geschaffen werden. Dies geschieht unter anderem dadurch, daß mit Hilfe des Staatsapparates in anderen Ländern der Wirtschaftsprozeß im Namen des „Wiederaufbaus" zerstört wird, zum Beispiel durch Finanzierung von kleineren oder größeren Kriegen. Waffenhandel und Rüstung machen nicht zufällig einen großen Teil der Weltwirtschaft aus. Auch viele massive Werbekampagnen erhalten durch den Vermarktungsdruck immer mehr die Züge eines Krieges.

Solange das Kapital eines Unternehmens nur Zins erzeugt – Gewinn in Form von Geldprofit als Folge der Produktion durch Arbeitsteilung – ist das ein Zeichen seiner Gesundheit. Es bringt nicht nur das Nötigste für das eigene Fortbestehen hervor, sondern ein Mehr, das der Allgemeinheit zugute kommen kann. Das ist der Marx´sche Mehrwert. Die Lage kehrt sich aber völlig um, wenn dieser Geldgewinn so hoch wird, daß er nicht mehr oder nicht mehr ganz durch den wertebildenden Produktionsprozeß verbraucht wird. Nicht der Zins, sondern erst der Zinseszins verursacht das zweifache Verhängnis, von dem oben die Rede war. Wenn der Zinseszins nicht den oben erwähnten Verbraucherberufen geschenkt wird, übt er zerstörerische Macht aus.

Der Übergang vom zweckdienlichen Zins zur Tyrannei des Zinseszinses hat sich zum großen Teil im Laufe des 20. Jahrhunderts vollzogen. Aus der Marktwirtschaft – einer Wirtschaft der Entsprechung von Herstellung und Verbrauch – wurde eine Scheinmarktwirtschaft. Und erst diese kann im engeren Sinne Geldwirtschaft genannt werden. So wie der Zins die Lebendigkeit des Wirtschaftsprozesses bewirkt, so verursacht der Zinseszins, beim Fehlen einer Kultur der Schenkung, nichts als Ausbeutung und Zerstörung. Der menschenfeindliche Zweck dieser Zerstörung ist die Rettung des freigewordenen Kapitals, weil dieses erst beim auf die Zerstörung folgenden „Wiederaufbau" neu investiert werden kann. Dadurch wird der Anschein erweckt, es erziele weitere Gewinne.

Aber das sogenannte „Venture-Kapital" ist doch auch immer Zinseszins. Und trotzdem hat es schon vielen Firmen in wirtschaftlichen Schwierigkeiten geholfen. Ist es nicht so, daß Ausbeutung und Zerstörung in vielen Fällen durch scheinbares Wachstum verdeckt werden?

Die Tatsache, daß das Venture-Kapital vielen Firmen hilft, bedeutet noch nicht, daß es die beste Form der Hilfe wäre. Mit demselben Argument könnte eine Rüstungsfirma ihre Existenz damit rechtfertigen, daß sie vielen Menschen „hilft", weil sie ihnen Arbeit bietet. Dabei bleibt die Frage offen, ob es nicht besser wäre, wenn diese Menschen eine andere Beschäftigung fänden und ihnen auf eine andere Weise geholfen würde.

Im Rückblick auf das 20. Jahrhundert können wir feststellen: An seinem Anfang war das westliche Kapital in der Bildung des Zinseszins viel weiter fortgeschritten als das mitteleuropäische. Wirtschaftlich gesehen hatte die Zerstörung Mitteleuropas durch den Ersten Weltkrieg die Wirkung, daß sie die Konkurrenz des „Made in Germany" ausschaltete und dem westlichen Handelskapital neue Wege eröffnete. Heute ist diese Konkurrenz noch viel bedrohlicher geworden, weil auf beiden Seiten Berge von Zinseszinskapital angehäuft sind, in denen sich die Erwartungen und Ansprüche von Millionen Menschen zusammenballen, die nur durch noch stärkeres erzwungenes Wachstum oder Zerstörung erfüllt werden können. Ein Symptom für diese neue Lage ist zum Beispiel die Tatsache, daß die Frankfurter Allgemeine Zeitung kürzlich das Ressort „Finanzmarkt" aus dem Wirtschaftsteil herausgenommen und verselbständigt hat. Plötzlich stehen Finanzwelt und Wirtschaft als zwei getrennte Welten da.

Die übermäßige Kapitalbildung durch Leihen – und durch Sparen, das die Voraussetzung des Leihens ist – hat inzwischen bedrohliche Formen angenommen. Wir brauchen nur einmal aufzulisten, was das Geld bewirkt, wenn es nicht wieder in den Wirtschaftsprozeß hinein und zum Verschwinden gebracht wird, oder wenn es nicht den kulturellen Berufen in Form von Schenkung zur Verfügung gestellt wird. Es verselbständigt sich und führt, bildlich gesprochen, zu Krankheiten im sozialen Organismus. Es staut sich in Form von Grundbesitz; es staut sich in Form von Privateigentum an Produktionsmitteln; es staut sich in Form von Spekulationskapital, mit dem wenige Mächtige ihr Lottospiel über das Los der Menschen betreiben. Der Begriff „Kasinokapitalismus" trifft diesen Sachverhalt genau.

Besonders verhängnisvoll wird es für Mensch und Umwelt, wenn der Überschuß an Kapital als Folge des erzwungenen Wirtschaftswachstums dazu dient, eine widernatürliche Steigerung des Verbrauchs zu verursachen. Menschen der gegenwärtigen Generation verbrauchen dann auch das, was erst für die folgenden Generationen bestimmt ist. Urwälder verschwinden, Grundwasser und Luft werden vergiftet, Ölreserven werden ausgeplündert und den künftigen Generationen so die Lebensgrundlage weitgehend entzogen.

Die Gesundheit der Geldwirtschaft kann nur aufrechterhalten werden, wenn dort, wo die Grenze des materiellen Verbrauchs erreicht wird, das überschüssige Kapital nicht zur Geldvermehrung, sondern zur Förderung des Menschen mit seinen vielfältigen Fähigkeiten eingesetzt wird, das heißt, für die kulturelle, wissenschaftliche und künstlerische Produktivität. Dazu gehört auch, daß es immer mehr Menschen erlaubt sein muß, in bezug auf die materiellen Bedürfnisse reine Verbraucher zu sein, also nichts zum realwirtschaftlichen Prozeß beizutragen. Nur unter solchen Bedingungen kann ein Mensch wahrhaft schöpferisch sein.

Das klingt ja so, als wenn die einen sich auf die faule Haut legen dürfen, ja sogar sollen, während die anderen sich wie bisher abrackern müssen.

So ist das nicht gemeint. Das Problem liegt darin, daß wir heute fast nur starre und eingegrenzte Berufe kennen, in dem Sinne, daß jeder nur einen einzigen Beruf hat. Aber bei rein mechanischen Arbeiten wird der Mensch immer mehr durch Maschinen ersetzt. Die Informationstechnologie und die Globalisierung beschleunigen diese Entwicklung. Deshalb werden die Menschen der Zukunft sich immer weniger abrackern müssen und immer mehr Zeit haben, um ihr Leben zu genießen und sich schöpferisch in Kunst und Kultur zu betätigen. Dabei kann jeder in vielerlei Hinsicht Lehrerin oder Lehrer für andere sein, eben in allen Dinegn, in denen jemand eine besondere Begabung hat.

Die geistige Produktivität kann ihrerseits niemals eine Erkrankung des sozialen Organismus bewirken, weil sie keine Grenzen kennt. Dies ermöglicht zum Beispiel allen Lehrenden, als reine Verbraucher des in der Vergangenheit Erwirtschafteten zu leben, um beim Unterricht den Geist als Keim für die „Gewinne" der Zukunft zu pflegen. „Reine Verbraucher" heißt: Sie brauchen nichts zu erwerben, ihre Aufgabe ist es, die Fähigkeiten, die in der jungen Generation aufsprießen, so zu pflegen, daß sie der Menschheit neue Entwicklungsmöglichkeiten eröffnen. Die heutige Wirtschaft steigert hingegen den materiellen Verbrauch ins Unendliche, ja ins Wahnsinnige. Durch die Zerstörung der Umwelt verschlingen die Menschen ihre Zukunft, sie entziehen dem Geist die Grundlage für seine weitere Entwicklung, statt den gegenwärtigen Verbrauch menschenfreundlich einzuschränken, um dem Menschen als schöpferischen Geist eine hoffnungsvolle Zukunft zu eröffnen. Die Alternative wäre, zugunsten der kulturellen Produktivität eine fortlaufende und organische Entwertung des überschüssigen Kapitals zu erwirken. Das ist der Sinn einer Schenkung, die das bloße Leihen mehr und mehr ablösen muß, wenn wir nicht in immer neue Katastrophen hineinrutschen wollen.

Der menschliche Erfindungsgeist hat während der letzten zweihundert Jahre die heutige Wirtschaftsform entwickelt. Ohne Erfindungsgabe, ohne atemberaubende Entdeckungen wäre die moderne Technik nicht möglich gewesen. Ohne diesen Geist hätten wir den jetzigen Wohlstand in vielen Ländern nie erreichen können. Aber diese Erfindungsgabe hat eine einseitig materialistische Kultur hervorgebracht, in der das Geld und nicht der Mensch im Vordergrund steht. Die Kehrseite der Medaille ist auch, daß deshalb in vielen Ländern, insbesondere den ehemaligen Kolonien, große Armut herrscht. Das Geld wird nur dann aufhören, die Welt zu regieren und die Menschen zu versklaven, wenn wir lernen, es vom Herrscher zum Diener zu machen. In der heutigen Wirtschaft sind Menschen gefragt, denen der Fortschritt des ganzen Menschen mehr Freude bereitet als ein einseitig materieller Wohlstand, der auf der Zerstörung der Umwelt und auf der Unterdrükkung des Geistes beruht.

4. Von der Geldwirtschaft zur Fähigkeitenwirtschaft

Welche Dienste ein Unternehmen auch immer anzubieten hat, es ist nicht sein Geldkapital, sondern es sind die menschlichen Begabungen, die seine Produktivität garantieren. Sie sind das Einzige, worauf man auf Dauer bauen kann. Der Wert eines Unternehmens entspricht den Begabungen der daran beteiligten Menschen. Jede in allen Mitarbeiterinnen und Mitarbeitern vorhandene Begabung zu fördern ist die gewinnträchtigste Investition, die ein Unternehmen tätigen kann. Das Betriebskapital wirkt nur in dem Maße profitabel, in dem es in den Dienst der menschlichen Fähigkeiten gestellt wird.

Selbst die größten Unternehmen können auf Dauer nur gedeihen, wenn sie in kleine Einheiten untergliedert werden, in denen der Umgang der Menschen miteinander wieder auf der Grundlage der erkannten und anerkannten individuellen Fähigkeiten möglich ist. Die persönlich erlebte gegenseitige Förderung ist es, die Menschen am stärksten motiviert, ihr Bestes zu geben. Wenn Unternehmerinnen und Unternehmer sich aufs Ruhekissen legen nur weil bereits beachtliche Geldgewinne erzielt wurden, so wiegen sie sich in einer Illusion, denn innerhalb von einem oder zwei Jahren kann sich die Lage auf dem Weltmarkt völlig verändern. Mehrere tausend Firmen, kleinere und mittlere, gehen in Deutschland jedes Jahr in Konkurs. Bei vielen liegt es unter anderem an der Vorstellung, Geld wäre das Wichtigste. Schnellen Profit zu erwirtschaften ist tatsächlich viel leichter, als Talente zu fördern, und deshalb ist letzteres auch wirtschaftlich zunächst weniger gewinnbringend.

Eine wahrhaft moderne und fortschrittliche Wirtschaft wird aber immer in die Fähigkeiten der Menschen investieren. Viele Fähigkeiten und (zunächst) wenig Geld zu haben ist viel aussichtsreicher, als viel Geld und zu wenig Begabungen. Im ersten Fall wird auch das Geld sich rasch vermehren, im zweiten wird es dagegen schnell aufgebraucht. Die Zukunft liegt dort, wo Kredit und Glaubwürdigkeit nicht auf Geld, sondern auf Talente bezogen werden.

Läuft dieses Konzept auf Beleihungswirtschaft hinaus?

Nein, denn die Beleihungswirtschaft gehört heute voll und ganz zur Geldwirtschaft. Ein Beispiel ist die französische Staatswirtschaft: Anderthalb Jahrhunderte wurde sie vorwiegend auf Beleihung gebaut. Man hat ganzen Nationen Geld geliehen im Hinblick darauf, es vermehrt mit Zinsen zurückzubekommen, ganz unabhängig davon, ob damit Begabungen gefördert wurden oder nicht. Ein solcher Vorgang ist völlig abstrakt, schon allein der Größenordnung wegen, und hat ausschließlich die Vermehrung des Geldes zum Ziel. Ein Auge für die Förderung von konkreten, individuellen Begabungen zu entwickeln ist etwas anderes, als sein Geld mit dem Zweck zu verleihen, es vermehrt zurückzubekommen.

Und die Beleihung von Begabungen?

Bei Begabungen ist der Begriff „Beleihung" mißverständlich. Wenn ich Begabungen finanziell unterstützen will, dann muß ich eine grundsätzliche Entscheidung treffen: Investiere ich mein Geld dort, wo ich hoffe, am meisten zurückzubekommen, ganz unabhängig von dem Gebrauch, den die Schuldner davon machen? Oder geht es mir in erster Linie darum, Menschen zu fördern, ihnen für die Ausbildung ihrer konkreten

Fähigkeiten Geld zu leihen, auch wenn ich unter Umständen später weniger Geld zurückerhalte?

Kann man auch ohne Geld ein Talent unterstützen?

Wirtschaftlich gesehen ist das nicht möglich. Natürlich kann ich eine Begabung durch Liebe oder Wohlwollen ganz wesentlich unterstützen. Aber Geld gehört auch dazu. Liebe ohne Geld ist in der heutigen Geldwirtschaft wie eine Lunge ohne Luft. Wenn die Liebe aber mit Klugheit gepaart ist, wird sie auch die Begabung haben, bei anderen das nötige Geld locker zu machen.

Die grundsätzliche Frage bleibt, ob beim Verleihen das Geld nur ein Mittel oder die Hauptsache ist. Das kann jeder Gläubiger nur für sich beantworten. Wenn das Geld wirklich und ehrlich als Mittel zur Förderung von individuellen Begabungen eingesetzt wird, bekommt jedes Leihen mindestens teilweise den Charakter einer Schenkung. Erst eine weitverbreitete Freude am Schenken kann dazu führen, daß die Menschen die quälende Sorge um das Geld überwinden. Es geht darum, mit Geld Fähigkeiten von konkreten Menschen im Hinblick auf ihre Ausreifung zu fördern. Natürlich ist es nicht leicht, konkrete oder sogar nur ansatzweise vorhandende Begabungen ausfindig zu machen, vor allem, weil unser Blick immer noch fast ausschließlich auf Geldvermehrung fixiert ist.

Was ist, wenn Begabungen und Talente in der Wirtschaft mißbraucht werden?

Natürlich ist das möglich. Jede Begabung ist ein Teil der Freiheit eines Menschen. Man kann sie sinnvoll einsetzen, aber auch mißbrauchen. Die Grundregel des Wettbewerbs zeigt dasselbe Muster: Dein Vorteil ist mein Nachteil, dein Nachteil ist mein Vorteil. Jeder kann seine Begabungen auch dafür einsetzen, anderen zu schaden, statt sie zu fördern. Diese negative Möglichkeit muß vorhanden sein, wenn wir in Freiheit leben wollen. Aber ist denn ein Mensch, der sich ständig betrügen läßt, ein besonders begabter Mensch? Zur Pflege der Begabungen gehört eben auch, daß man lernt, sich nicht ständig manipulieren zu lassen.

Wirtschaft als Organismus

Sie haben auf das Bild des Organismus hingewiesen und den Umlauf des Geldes mit dem Blutkreislauf verglichen. Ist das nur als Bild gemeint, oder meinen Sie damit, daß die Wirtschaft und die menschliche Gesellschaft sich in der Tat wie ein einziger Körper verhalten?

Das soziale Miteinander der Menschen funktioniert tatsächlich wie ein Organismus. Nur kann man das genausowenig beweisen, wie man beweisen könnte, daß es zum Beispiel die Nordsee gibt. Tatsachen kann man nur nachweisen, aufweisen oder auf sie hinweisen, aber niemals kann man sie abstrakt beweisen. So werde ich versuchen, auf einige Tatsachen hinzuweisen, und Sie können dann selbst entscheiden, ob Sie der Vergleich mit dem Organismus überzeugt oder nicht.

Nehmen wir zum Beispiel Bodo Schäfers Buch „Der Weg zur finanziellen Freiheit", das gerade in Deutschland Furore macht. Es ist glänzend geschrieben, so glänzend, daß viele sicherlich davon geblendet werden. Der Inhalt ist jedoch sehr beschränkt, weil nur vom rücksichtslosen Individuum die Rede ist, das so viel Geld wie möglich machen will. Dabei geht der Blick auf das Ganze völlig verloren. Und dieses

Ganze ist es, was mit dem Bild des Organismus gemeint ist. Die Folgen von Bodo Schäfers Empfehlungen, die Konsequenzen für die Gesamtmenschheit und für die Umwelt, werden völlig ausgeblendet. So wird auch die Tatsache ignoriert, daß sein rücksichtsloser Turbokapitalismus nur für einen kleinen Teil der Bevölkerung realisierbar ist, und zwar unvermeidbar auf Kosten der anderen, deren Lage durch diesen Prozeß nur noch schlimmer wird. Was Bodo Schäfer über seine Beispielfiguren Claus Clever und Toni Zocker schreibt, enthüllt deutlich seine Verachtung für die Mehrheit der Menschen, die Toni Zocker repräsentieren soll. Als ob nur die Dummheit der Armen für ihre Armut verantwortlich wäre, nicht aber die Ausbeutung von Seiten der Mächtigen und Reichen! In dieser naiven Grundeinstellung zeigt der Kapitalismus nicht nur seine elitäre Haltung – im Kampf ums Dasein können angeblich nur die Stärkeren überleben –, sondern auch sein antidemokratisches, durch und durch totalitäres Gesicht.

Der Untertitel von Bodo Schäfers Buch heißt „In sieben Jahren die erste Million." Stellen Sie sich vor, auch nur ein Viertel der Leute in Deutschland wäre vor sieben Jahren dem Rat gefolgt, den er als gültig für alle hinstellt. Dann hätten wir heute 20 Millionen Menschen in Deutschland, die zusammen 20 000 Milliarden Mark besäßen. Und welche Ansprüche würden diese Menschen mit dieser Geldsumme geltend machen? Stellt sich Bodo Schäfer wirklich vor, daß all die anderen nur dazu da wären, um bescheiden und opferungsvoll diese Ansprüche zu erfüllen?

Mit dem Bild des Organismus will ich im Gegensatz dazu verdeutlichen, daß die Menschen nicht wie Teile einer Maschine zueinander stehen, sondern wie die Glieder eines Lebewesens. Wenn ein Teil einer Maschine beschädigt wird, kann es ausgetauscht werden, und die Maschine ist wieder in Ordnung, weil die Teile nicht in dem Sinne aufeinander einwirken können, daß der Schaden eines Teiles sich auf alle anderen überträgt. Genau das geschieht jedoch in einem Organismus: Wird ein Organ krank, so wird der ganze Körper als unteilbare Einheit krank. Deswegen reden wir in diesem Fall von Gliedern und nicht von Teilen. Eine Maschine ist teilbar, ein Lebewesen ist unteilbar. Menschen wirken nicht nur äußerlich und mechanisch wie Maschinenteile aufeinander, sondern vor allem innerlich und organisch, eben wie die Glieder in einem Organismus. Die Begabungen eines Menschen wirken auf andere Menschen, wie die Funktion eines Organs auch auf andere Organe wirkt.

Noch unmenschlicher und brutaler wird es, wenn Menschen nicht mit Maschinen, sondern mit Tieren verglichen werden. Der Darwinismus ist auf dem besten Wege, von einer Evolutionstheorie zur Lebenspraxis zu werden. Denn was gibt es schon daran zu kritisieren, wenn ein Löwe ein kleineres Tier frißt? Es liegt in seiner Natur, in seinem Instinkt, sich so zu verhalten, und gegen die Weisheit der Natur kann kein vernünftiger Mensch etwas einwenden. Und was spricht dagegen, daß unter den Menschen der Mächtigere, der Löwenmensch, den Schwächeren schluckt? Liegt es nicht genauso in seinem Instinkt, in seiner Natur, sich so zu verhalten?

Aber Menschen sind doch keine Tiere! Die Schwächeren haben doch auch ein Recht auf menschenwürdiges Leben!

Damit sprechen Sie sicherlich vielen aus dem Herzen. Aber diese Antwort würde ich nur gelten lassen, wenn unser Thema die menschliche Moral, die Ethik wäre. Vom wirtschaftlichen Standpunkt aus gesehen bringt diese Moral, solange sie nicht zu Taten führt, absolut nichts. Denn was können Sie schon erwidern, wenn der andere, der Löwenmensch, Ihnen sagt: „Es entspricht vielleicht deinem ethischen Geschmack, daß du meinst, ich tue dem Schwächeren unrecht. Ich respektiere deine Meinung, aber ich muß sie nicht teilen. Und ich teile sie auch nicht! Ich finde nichts, was dagegen spricht, daß der Stärkere den Schwächeren für seine Zwecke benutzt."

Das darf doch nicht sein!

Sie sagen, das darf nicht sein, aber die Tatsachen sagen: Das ist so! Doch gerade Ihre Empörung ist der Nachweis – nicht bloß der theoretische Beweis –, daß es immer noch genug Menschen gibt, die sich zueinander wie die Glieder eines Organismus verhalten. Das kleinere Tier, das vom Löwen gefressen wird, hat weder die Möglichkeit, seine Behandlung als ungerecht zu empfinden, noch die Möglichkeit, sich dagegen zu wehren und sich zu behaupten. Die anderen Tiere stehen ihm auch nicht gegen den Löwen bei. Das eine Tier dient dem anderen einfach als „Lebensmittel", also als Mittel zum Zweck.

Das ist aber bei Menschen nicht der Fall, und zwar nicht deswegen, weil eine abstrakte moralische Theorie festlegt, daß es ungerecht ist, wenn einer den anderen ausbeutet. Der Grund ist, daß es immer genug Menschen gegeben hat, die Ausbeutung als Ungerechtigkeit empfinden und Gegenmaßnahmen nicht nur treffen können, sondern auch wirklich treffen. Wenn ein Tier vom Löwen gefressen wird, regt sich keine Empörung bei den anderen Tieren. Aber gerade das geschieht bei den Menschen. Es entsteht Solidarität mit dem Opfer der Macht. (Natürlich haben die Menschen auch die Freiheit, ihre angeborene Solidarität miteinander zu pflegen oder abstumpfen zu lassen.) Diese Solidarität ist durchaus vergleichbar damit, wie alle Organe in einem Organismus reagieren, wenn eines von ihnen geschädigt wird: Sie schalten alle auf „Verteidigung", auf Heilung des geschädigten Organs. Sie gehören alle zusammen, sie können sich nicht heraushalten und nur zuschauen.

Wenn wir den Vergleich mit dem Lebensorganismus als methodischen Leitfaden für ein tieferes Verständnis der Wirtschaft verwenden, können wir gleich zwei Grundregeln des Organischen hervorheben, die auch wirtschaftliche Gültigkeit besitzen. Die erste ist die gegenseitige Hilfe aller Organe oder, wirtschaftlich ausgedrückt, das Streben nach dem höchsten Gewinn für alle Glieder des Organismus. Die zweite ist der Verlauf in sich wiederholenden Rhythmen durch völlige Umkehrung des organischen Prozesses selbst, und zwar nicht nur durch die einmalige Umkehrung des Wachstums in ein Absterben, sondern permanent durch die Umkehrung der Aufnahme aller „Lebensmittel" (im weitesten Sinne) in ihre vollständige Verzehrung und Vernichtung, die einem restlosen Verbrauch gleichkommt. Eine Wirtschaft wird krank, wenn sie gegen diese zwei Grundregeln verstößt. Sie bleibt in dem Maße gesund, in dem der Gewinn für alle dadurch ermöglicht wird, daß kein „unverdautes" Geld entsteht, das dann durch Ablagerung in den Börsen den Wirtschaftsorganismus wieder erkranken läßt.

5. Nationale Interessen und Weltwirtschaft

Die fortschreitende Globalisierung führt dazu, daß die früher national begrenzten Wirtschaftseinheiten sich immer mehr zu einer organischen Einheit zusammenschließen. Die Informationsrevolution, der digitale Handel und die Biotechnologien tragen zur Entwicklung einer einheitlichen Weltwirtschaft bei.

Aber das Denken der Menschen – der Geist – kann nicht Schritt halten mit dieser Weiterentwicklung. Die Wirtschaft ist zur Weltwirtschaft geworden, aber das Denken ist weitgehend auf der Stufe der Nationalwirtschaft zurückgeblieben. Dies gilt ganz besonders für diejenigen Politiker, die trotz Globalisierung und Weltwirtschaft immer noch mit rührender Unverfrorenheit von nationalen Interessen reden. Dieses Reden wäre als solches vielleicht relativ bedeutungslos, wird aber brisant, wenn danach gehandelt wird und ein mächtigerer Staat sich gegen einen schwächeren durchsetzt.

Es gibt zwei Arten der Beziehung zwischen Politik und Wirtschaft. Die eine besteht darin, daß die Politik zum Werkzeug einer national ausgerichteten Wirtschaft wird. Die andere zeigt sich dort, wo der Staat sich dagegen wehrt, zum Werkzeug der mächtigsten Unternehmer zu werden. Aber diese können heute zunehmend – dank der Globalisierung – den Staat umgehen und entmachten.

Wie können globale Unternehmen trotzdem nationalen Interessen dienen? Um diese Frage zu beantworten, müssen wir die Ansprüche der Menschen sehen, die das große Geld besitzen, zum Beispiel die Großaktionäre, die gigantische Fusionen herbeiführen. Von ihnen bekommen die Unternehmen ihr Geld. Und es ist eine Tatsache, daß diese Geldmächtigen nicht in allen Nationen gleichmäßig verteilt leben, sondern in wenigen Nationen zusammengeballt sind, allen voran in den USA. Auf diese Weise können die Interessen der Mächtigsten vorgeblich als nationale Interessen vertreten werden.

Die große Herausforderung der Zukunft liegt darin, der Weltwirtschaft Rechnung zu tragen. Dies kann nur dadurch geschehen, daß die ganze Menschheit als einziger Organismus gesehen und behandelt wird. Die Existenz der Weltwirtschaft ist der Nachweis dafür, daß alle Menschen eine unteilbare Einheit bilden. Es ist illusorisch zu denken, es könnten im Organismus der Menschheit gewisse Menschengruppen auf Kosten von anderen sich Vorteile verschaffen. Die Benachteiligten werden sich dagegen wehren, auch wenn diese Gegenwehr sich über Jahrhunderte erstrecken kann.

Die Vorteile der Globalisierung müssen allen Menschen auf gleiche Weise zugute kommen. Die Bemühungen von Michail Gorbatschow gingen und gehen ganz entschieden in diese Richtung, aber eben aus diesem Grunde findet er in der Weltpresse nur wenig Beachtung. Auch Al Gore hat Anfang der 90er Jahre ein Buch mit dem Titel „Earth in the Balance" veröffentlicht, in dem er unter anderem von der ökologischen Verantwortung Amerikas spricht. Es geht nicht an, meint Gore, daß ein kleiner Teil der Menschheit Raubbau treibt mit den Ressourcen der Erde, die für alle Menschen gedacht sind – und nicht nur für alle jetzt lebenden, sondern auch für deren Kinder und Enkelkinder. Nach der Lektüre dieses Buches habe ich mich gefragt, ob diesen Worten auch Taten folgen würden. Aber bis jetzt fand ich nur einen Kommentar in der Zeitschrift „The Economist", in dem angedeutet wurde, daß dieses Buch Al Gores politische Karriere gefährden könne, weil er zu diesem Zeitpunkt gerade seine Kandidatur zum Präsidenten ankündigte.

Das Dogma der Macht besagt, daß es in der Welt Gewinner und Verlierer geben muß. Der Kerngedanke der Menschlichkeit – daß alle Gewinner sein können – wird von der Macht als weltfremder Idealismus abgetan. Im Kampf ums Dasein können sich angeblich nur die Stärksten behaupten. Das Ziel ist – so argumentiert das Machtdenken – das höchstmögliche Glück für die höchstmögliche Zahl von Menschen. Dieser Gedanke ist aber vom Gesichtspunkt eines organischen Denkens her Unsinn. Denn die „höchstmögliche Zahl" schließt notwendigerweise einen Teil der Menschen aus. Dies ist genauso sinnlos, wie zu behaupten, die Gesundheit des Organismus bestehe im Wohlbefinden der „höchstmöglichen Zahl" von Organen. Nein, ein Organismus kann nur dann gesund sein, wenn alle Glieder gleichermaßen gesund sind.

Hier stellt sich erneut die Frage, ob der Einzelne nicht der Macht gegenüber ohnmächtig ist. Die Antwort auf diese Frage ist für die Weltwirtschaft von entscheidender Bedeutung. Und die einzig richtige Antwort ist: Die Art und Weise, wie der Einzelne mit seinem Geld umgeht, ist entscheidend für die Macht des Geldes. Selbst die mächtigste Geldkonzentration ist nur das Resultat, nicht die Ursache der Geldentscheidungen von Millionen von Kleinanlegern. Geld ist Sache der Quantität, nicht der Qualität, und die Quantität kann nur aus kleinen Einheiten zusammengesetzt sein.

Stellen Sie sich einmal vor, jeder Mensch in Deutschland würde am heutigen Tag zehn Mark den Menschen um sich herum geben – und nicht durch Sparen der Börse geben. Dann hätten die Geldmächtigen an einem einzigen Tag und in einem einzigen Land 800 Millionen DM weniger zur Verfügung. Und ist es nicht jedem von uns durchaus möglich, zehn Mark für das eine oder das andere zu verwenden? Jeder von uns hat die Möglichkeit, die zerstörerische Macht des Geldes zu brechen, wenn er den Mut aufbringt, bei zehn Mark anzufangen. Aber nur dann!

Aber heute kann doch kein Mensch ohne Geldrücklagen leben. Deshalb finde ich Ihren Vorschlag völlig unrealistisch. Nehmen wir an, jemand will in Urlaub fahren und braucht Geld; soll er dann etwa das Geld nicht vom Konto abheben, sondern darauf warten, daß es vom Himmel fällt?

Nein, es fällt für keinen Menschen vom Himmel. Die, deren Kontostand hoch genug ist, werden das Geld weiterhin vom Konto abheben. Aber mich interessieren vor allem die Leute, deren Konto fast oder ganz leer ist. Woran liegt es denn, daß vor allem junge Familien heute einfach keine finanziellen Rücklagen bilden können? Wo liegen die Ursachen dieses Phänomens? Warum haben so viele Leute so wenig Geld?

Das bloße Entlarven oder Anklagen der Geldmächtigen muß unfruchtbar bleiben. Der Grund dafür ist, daß die geballte Macht des Geldes zum großen Teil durch die Ersparnisse aller Kleinanleger zustande kommt. Nur auf der Ebene der Kleinanleger kann etwas getan und geändert werden. Ich bin überzeugt, daß die bloße Empfehlung eines Sollens nicht genügt. Jedes Sollen ist nur dann vernünftig und berechtigt, wenn es in der Natur des Menschen begründet ist. Der Mensch soll nur das wollen, was ihn fördert. Aber dann ist es auch das, was er von selbst will. Selbst das Gebot der Nächstenliebe hat nur einen Sinn, wenn die Nächstenliebe gleichermaßen der Selbstliebe zugute kommt. Was den Umgang mit dem Geld angeht, will keiner etwas tun, bloß weil er es soll. Alle interessiert, welche Art des Umgangs mit dem Geld persönlich glücklich oder unglücklich macht. Und deshalb ist es auch so wichtig, darauf hinzuweisen, daß Schaffensfreude glücklich macht. Je mehr Geld für die Freude am Schaffen eingesetzt wird, desto schöner wird das Leben und desto glücklicher wird der Mensch. Auf diese Weise werden Selbstliebe und Nächstenliebe gleichermaßen gefördert.

Sie haben schon mehrmals in Ihren Ausführungen von der Freude am Schaffen gesprochen. Meinen Sie damit vielleicht Freude an der Arbeit?

Ich habe natürlich nichts gegen Arbeit, nur geht mir dieses Wort zu sehr in Richtung Pflicht. Ein geistbegabter Mensch schafft nicht aus Pflicht, sondern aus reiner Begeisterung.

Wie wäre es dann mit „Liebe zum Handeln?"

Der Ausdruck ist sehr schön, eigentlich noch schöner als Freude am Schaffen. Nur bin ich bei dem Wort „Liebe" etwas vorsichtig geworden. Ich habe es früher öfter gebraucht und dann festgestellt, daß viele sich darunter alles mögliche vorstellen konnten, nur nicht das, was ich gemeint habe.

Was man beim Spielen erlebt, scheint mir der Freude am Schaffen am nächsten zu kommen. Spielen ist einerseits schöpferisch, andererseits ist es nie bloß Mittel zum Zweck. Beim Spielen ist man ganz erfüllt und glücklich.

Die Erfahrungen, die man beim Spielen macht, kommen in der Tat der Erfahrung des Geistes, der Schaffensfreude, relativ nahe. Schiller führt in seinen Briefen über die ästhetische Erziehung des Menschen genau diesen Gedanken aus: Der Mensch sei im tiefsten Sinne Mensch, wenn er spiele. Schiller meint damit die Erfahrung der Freiheit, der inneren Bewegtheit und Beweglichkeit. Es ist der freie Raum zwischen zwei Notwendigkeiten, die er Natur- und Vernunftnotwendigkeit nennt.

Wie bringen Sie Nietzsches „Willen zur Macht" mit der Schaffensfreude in Zusammenhang? Ist es dasselbe, oder sehen Sie da Unterschiede?

Insoweit Nietzsches „Wille zur Macht" ein Ausdruck der Selbstliebe, des Strebens nach Selbstverwirklichung ist, ist dagegen nichts einzuwenden. Problematisch wird es, wenn er die Liebe und die Förderung der anderen ausschließt. In diesem Fall wird auch die Selbstliebe, die eigene „Macht", gefährdet, weil man Gefahr läuft, all diejenigen gegen sich zu haben, gegen die Macht ausgeübt wird. Man muß zwar auch kämpfen können, wenn gekämpft werden muß, aber das Leben besteht nicht nur aus Kampf. Es gibt auch die Erfahrung der gegenseitigen Hilfe, die der allseitigen Selbstverwirklichung besser dient als der Kampf gegeneinander. Man könnte auch fragen: Was bringt dem Menschen am ehesten Glück?

Das Wort „Glück" ist mir zu abgenutzt, ähnlich wie „Liebe". Ich denke eher an Selbstverwirklichung, innere Erfüllung oder Erfülltheit. Oder, wie wäre es mit Selbsterfüllung?
Auch die Erfahrungen von Künstlern sind doch dem ähnlich, was Sie Freude am Schaffen nennen. Es ist reines Glück, reine Liebe zum Handeln, reine Selbstverwirklichung und zugleich eine Bereicherung für die anderen. Das beinhaltet alles, was ein Mensch sich wünschen kann.

Nur wer selbst die Erfahrung künstlerischen Schaffens macht, kann das verstehen. Leider wird Kunst oft nur als ein Bereich des Lebens neben vielen anderen eingestuft. Schön wäre es, wenn immer mehr Menschen die Überzeugung gewännen, daß alles künstlerisch getan werden kann. In allen Tätigkeiten kann der Mensch sich wie ein Künstler verhalten und erleben. Dies gilt auch für das Wirtschaftsleben.

Ich kann diese Schaffensfreude schwer mit der Welt der Wirtschaft in Verbindung bringen. Dort ist es doch die Aussicht auf Gewinn, die einen antreibt.

Die wirtschaftliche Seite der Schaffensfreude ist nichts anderes als die „Gewinnfreude"! Das freie Schaffen kann nur dann wirklich Freude machen, wenn man sieht, daß es einen Gewinn, einen Vorteil bringt, aber eben einen Vorteil für alle. Anders könnte diese Freude gar nicht erlebt werden. Wir müssen nur den Begriff des höchsten Gewinns ernst nehmen, denn nur dieser kann die höchste Freude erzeugen. Und der Gewinn ist erst dann am höchsten, wenn er sowohl für den Hersteller wie auch für den Verbraucher am höchsten ist. Was die höchste Schaffensfreude erzeugt, ist also das Streben nach dem höchstmöglichen wirtschaftlichen Vorteil für alle.

Die wirtschaftliche Solidarität

Die globalisierte Wirtschaft ist der überzeugende Nachweis, daß die Menschheit insgesamt einen einzigen unteilbaren Organismus bildet. Die Gesetze der Wirtschaft haben die reale Einheit der Menschheit herbeigeführt, die in der Theologie schon lange Wunschdenken ist. Es ist deshalb dringend notwendig, daß die wirtschaftliche Vernunft sich dazu entschließt, den praktischen Anforderungen der Weltwirtschaft Rechnung zu tragen.

Arbeitsteilung verbilligt die Herstellung und in der Folge auch den Preis aller Waren. Diese von der Wirtschaft selbst geforderte und geförderte Solidarität zwischen Produktion und Verbrauch ist alles andere als ein blinder Zufall des Marktes. Die konsequente Arbeitsteilung erfordert, daß auf allen Ebenen der Wirtschaft die Vertreter von Herstellern, Verbrauchern und Händlern zusammenkommen, um ihre gegenseitige Solidarität dem blinden Zufall immer mehr zu entreißen und der menschlichen Vernunft anzuvertrauen. Diese drei Gruppen müssen sich zusammenschließen, müssen ihre gegenseitigen Erfahrungen und Anliegen austauschen, um zu gemeinsam getragenen wirtschaftlichen Maßnahmen zu kommen. Nicht die Politiker, sondern allein die Wirtschaftenden – Unternehmer, Händler und Verbraucher – haben die nötige Erfahrung, um wirtschaftliche Entscheidungen zu treffen.

Die Politik hat über allgemeingültige, dauerhafte Gesetze zu entscheiden. In der Wirtschaft geht es um andere Anliegen: Da müssen ständig wechselnde Erfahrungen im Hinblick auf gemeinsame, aber befristete Entscheidungen oder Verträge, die das Gegenteil von allgemeingültigen und dauerhaften Regeln darstellen, gemacht, gesammelt und ausgetauscht werden. Es handelt sich hierbei um Eingriffe in einen lebendigen Prozeß, der in Rhythmen verläuft und große geistige Beweglichkeit erfordert. Wenn ich Hunger habe, muß ich meinen Magen füllen; wenn er voll ist, muß die Verdauung ihn wieder leeren. Das Gesetz alles Lebendigen ist, daß man immer wieder Entgegengesetztes zu tun hat. Und genauso ist es in der Wirtschaft. Auch dort geht es immer um Korrekturen: Ist der Preis einer Ware zu hoch, wird er nach unten korrigiert; ist er als Folge dieser Maßnahme zu niedrig geworden, wird er wieder nach oben angepaßt. Wird die Zahl der Beschäftigten in einer Branche zu hoch, muß sie reduziert werden; wird sie zu niedrig, muß sie wieder erhöht werden.

Wenn man bedenkt, wieviel „praktische Vernunft" für die gesunde Gestaltung und ständige Umgestaltung der Wirtschaft erforderlich ist, kommt man unweigerlich zu dem Schluß, daß die Vernunft eines Einzelnen diese Aufgabe niemals bewältigen kann. Genauso schädlich wäre eine einseitige Solidarität der Hersteller unter sich oder der Verbraucher unter sich. Gerade weil die Anliegen der Produktion denen des Verbrauchs entgegengesetzt sind, ist es unerläßlich, daß beide Seiten sich zum Ausgleich zusammenschließen, statt sich gegenseitig zu bekämpfen. Der Erfahrungsbereich jedes einzelnen Menschen in der Wirtschaft kann nur einen kleinen Teilbereich umfassen. Spekulieren über den Gesamtbereich kann jeder, doch keiner kann bei der rasanten Entwicklung der heutigen Weltwirtschaft in allen Bereichen aktuelle Erfahrungen haben. Der Wirtschaftsprozeß kann folglich nur durch andauernde gemeinsame Beratungen und Beschlüsse gestaltet werden. Nur so wird eine Solidarität gewährleistet, die im Wesen der modernen Arbeitsteilung liegt.

Eine wesentliche Aufgabe des Zusammenschlusses der Wirtschaftenden ist die Regelung der Eigentumsfrage. Die wirtschaftliche Vernunft, das heißt die Vereinbarungen, welche die Vertreter der Verbraucher, der Hersteller und der Händler treffen, entscheidet auch, wem die Verwaltung der Wirtschaftszweige oder Betriebe anvertraut wird. Es genügt nicht, daß jemand der Besitzer eines Unternehmens ist, wenn es um die Frage geht, wer es verwalten soll. Er muß auch die Fähigkeiten haben, es im Sinne eines allgemeinen Wohls zu führen. Es gehört zu den komplizierten, aber auch dringenden Aufgaben der Wirtschaft, auf allen Ebenen geeignete Gremien zu finden, die den dazu geeigneten Menschen die Verwaltung der Wirtschaftsunternehmen anvertrauen.

Würde ein solches Gremium denn auch entscheiden, eine Firma zu schließen, wenn sie zum Beispiel Waffen produziert? Oder müßte man dann irgend etwas anderes finden, das sie produzieren kann?

Was die Sache problematisch macht, ist die Tatsache, daß wir überhaupt von „Firma" sprechen. Eine Firma ist zunächst eine Abstraktion, real sind die einzelnen Menschen. Wenn ein Unternehmer zu seinen Leuten sagt: Es wäre für die Menschheit vielleicht besser, wenn fortan das, was wir bisher getan haben, nicht mehr getan wird, ist damit nur gesagt, daß eine gewisse gemeinsame Tätigkeit vielleicht aufhört. Aber alle beteiligten Menschen sind noch da. Und was ist das eigentlich, was wir „Firma" nennen? Damit sind üblicherweise nicht die Menschen gemeint, sondern dasjenige, was sie gemeinsam tun. Und das kompliziert die Sache. Die Frage, welche neue Tätigkeit diese Menschen finden werden, ist eine Frage, die mit der alten Firma nichts zu tun hat.

Nehmen wir den Fall, daß die alte Firma als Herstellungszusammenhang aufhört zu existieren. Die Frage der Existenzberechtigung bezieht sich doch nicht auf Menschen, aber auf die haben Sie in Ihrem Einwand die Betonung gelegt. Wenn eine Firma aufhört, Panzer herzustellen, dann hört sie als Firma auf. Wenn Sie meinen, man sollte diesen Menschenzusammenhang unverändert lassen, um für ihn eine neue Aufgabe zu finden, sehe ich große Schwierigkeiten. Der solidarische Zusammenhalt ist nur dann möglich oder erwünscht, wenn das, was diese Menschen verbindet, der reine Geldgewinn ist.

Weil dieses Abstraktum nicht in erster Linie mit der Entfaltung der individuellen Begabungen der Mitarbeiter und auch nicht mit der Befriedigung der besonderen Bedürfnisse der Kunden zu tun hat, ist es auch so leicht, in jeder beliebigen Tätigkeit die Solidarität des Geldprofits zu bewahren. Wenn dagegen den individuellen Begabungen und Bedürfnissen Vorrang gegeben wird, wird jeder ganz individuell die Entscheidung über seine nächste Tätigkeit treffen müssen. Wenn die Menschen der alten Firma solidarisch entscheiden, etwas Neues anzufangen, kann sich dies als sehr unpraktisch erweisen. Es gibt genug Unternehmen, die das versucht haben und die unterschätzt haben, wie stark der einzelne Mensch sich in diesem Prozeß manipuliert fühlen kann. Denn die einzelnen Menschen sind vielleicht der Meinung: „Wenn unsere gemeinsame Tätigkeit aufhört, hört die alte Firma auf. Jetzt möchte ich nur für mich entscheiden, wie ich mich neu orientiere." Das wäre dann eine Stufe konkreter gedacht, aber dadurch auch komplizierter, denn dann braucht jeder einzelne mehr Phantasie. Ein Neuanfang als geschlossene Gruppe würde es für manchen sicherlich leichter machen. Aber die individuellen Begabungen, die für die alte Firmentätigkeit geeignet waren, werden sich nicht automatisch auch für eine andere eignen. Die globalisierte Wirtschaft verlangt immer mehr Flexibilität, und Flexibilität heißt, Mut zu individuellen und differenzierten Entscheidungen. Zu diesem Mut wird man die Menschen von Kindheit an immer mehr erziehen müssen, zur Fähigkeit, sich immer wieder zu verändern und neu anzufangen.

6. Sorge dich nicht darum, sorge dafür

Viele Menschen denken, daß es das Wichtigste im Leben ist, so viel Geld wie möglich zu besitzen, auf jeden Fall genug für ein bequemes Leben, für ein Leben, das so lange wie möglich dauern soll. Es muß genügend Geld vorhanden sein für alles, was einem passieren könnte – Unfall, Krankheit, Diebstahl, Feuer, Hagel, man weiß ja nie . . .

Aber wieviel Geld ist denn nötig für all das? Man wird niemals genug Geld haben, weil die Dinge, wofür man es benötigen könnte, nicht begrenzt sind. Diese Haltung dem Geld gegenüber erzeugt also nicht nur ein unersättliches Streben nach Geldbesitz, sondern unweigerlich auch eine permanente unbestimmte Angst, daß es doch nicht genug sein könnte, was man beiseite geschafft hat. Zur unbestimmten Angst vor all dem, was einem widerfahren könnte, kommt also noch die Angst, es könne einem irgendwann das Geld ausgehen.

Die übermäßige Sorge um die Zukunft, das Bestreben, schon jetzt für das ganze zukünftige Leben vorgesorgt zu haben, macht es uns unmöglich, glücklich, ohne unnötige Sorge in der Gegenwart zu leben. Statt für die Gegenwart zu sorgen, will man schon jetzt für die Zukunft gesorgt haben. Die Sorge verläßt einen dann nie mehr, denn es ist nicht möglich, schon in der Gegenwart für alle Eventualitäten der Zukunft zu sorgen, weil niemand wissen kann, was die Zukunft bringen wird.

Und wie ist es mit einer Versicherung?

In der Gegenwart die Zukunft um jeden Preis versichern zu wollen ist wirklichkeitsfremd, denn die Zukunft ist noch nicht da. Ich steigere nur meine Sorge, wenn ich schon jetzt meine ganze Zukunft wasserdicht versichern will. Ich verderbe mir dadurch die Gegenwart und mache die Zukunft kein bißchen besser. Ich lebe vielleicht jetzt wie ein armer Schlucker, um später gut versichert zu sein. Das ist nichts anderes, als die weltliche Version der kirchlichen Versicherungsvariante: Wenn man sich im Leben genug geplagt hat, brav alle Gebote befolgt hat, kommt man nach dem Tod ins Paradies. Was hat aber der Mensch von einem Paradies, das er auf der Erde kaum erlebt, oder von einem Himmel, in den er als Belohnung nur dann hineinkommt, wenn er sich das Leben auf der Erde zuvor zur Hölle macht?

Wenn man das Glück nur in die Zukunft verlegt, macht man es wie der Tourist in Heinrich Bölls „Anekdote zur Senkung der Arbeitsmoral". Der Urlauber aus Deutschland trifft einen Fischer, der genüßlich auf einer Hafenmauer am Mittelmeer sitzt. Er schlägt ihm vor, noch einmal mit dem Boot auszufahren, mehr Geld zu verdienen, ein größeres Boot zu kaufen usw. Der Fischer fragt: „Ja, und dann?" – „Ja, dann könnten Sie hier den ganzen Tag beruhigt auf der Hafenmauer sitzen." – „Aber das tue ich doch schon", antwortet der Fischer. Und der Tourist zieht schweigend und nachdenklich von dannen.

Die Heilung von jeder unnötigen Sorge liegt in der Grundeinstellung des Vertrauens: Vertrauen in das Leben und in alle Menschen. Es ist keine Frage, daß Sorgen haben leichter ist als Vertrauen fassen. Aber leichter ist nicht unbedingt besser. Sich Sorgen zu machen ist deshalb leichter, weil sie wie von selbst kommen: Jemand wacht morgens mit einem nichtssagenden Wehwehchen auf, ist vielleicht erst 40 Jahre alt und gesund, doch jetzt fühlt er sich wie altes Eisen, und schon ist die Sorge da.

Vertrauen aufbauen ist schwieriger, weil es nicht von selbst kommt. Ich muß daran arbeiten, und vor allem muß ich an mir selbst arbeiten, um die Gründe des Vertrauens jeden Tag in mir neu zu beleben und zu stärken. Ich muß Mut entwickeln, denn das Vertrauen in das Leben und in die Menschen ist immer ein Wagnis. Auch der Mutige weiß nicht, was die Zukunft bringen wird. Doch er hat die Zuversicht, daß er die Kraft in sich trägt, um sich in jeder Lage zurechtzufinden. Und er weiß, daß ihm von allen Seiten geholfen wird. Er hat die Zuversicht, daß er auch aus schweren Schicksalsschlägen das Beste machen kann. Ist es nicht die Überwindung von Widerständen, der wir unsere besten Fähigkeiten verdanken? Was am wirkungsvollsten ein begründetes Vertrauen erzeugen kann – im Unterschied zu einem naiven oder blinden Vertrauen – sind die positiven Kräfte der Menschennatur, die Fähigkeiten, die in jedem Menschen reichlich vorhanden sind. Ich überwinde jede Sorge durch die Überzeugung, daß, wenn ich die Begabung eines anderen fördere, wenn ich im anderen die Freude am Schaffen anrege, dies in ihm eine Dankbarkeit erzeugen wird, die ihn dazu veranlaßt, seine besten Kräfte zum Wohl aller Menschen, mich eingeschlossen, freiwillig und freudig einzusetzen.

Ein Bedürfnis ist nur dann real, wenn man es erlebt, wenn man es wirklich hat. Und das heißt: Immer nur in der Gegenwart. Es wird nie durch die eingebildete Vorstellung real gemacht, daß man es eines Tages haben könnte. Die meisten Menschen tragen heute weit mehr vorgestellte, eingebildete oder suggerierte Bedürfnisse in sich, als real erlebte. Jemand ist gesund, aber er überlegt: Wenn ich krank werde, brauche ich Geld, um Medikamente zu kaufen. So bildet er sich ein, ein Bedürfnis nach Medikamenten zu haben. Aber er ist jetzt kerngesund und nur ein kranker Mensch hat wirklich Bedürfnis nach Medikamenten. Er hat jetzt aber keins!

Die Fixierung auf das Geldverdienen verleitet den Menschen dazu, seine Wünsche nicht nur unbegrenzt, sondern auch völlig abstrakt, völlig unbestimmt zu machen. Dadurch wird die Sorge immer nagender, und das Vertrauen in das Leben und in die anderen Menschen immer geringer. Damit ist nicht gesagt, daß man ganz sorglos leben sollte. Ganz im Gegenteil: Die beste Fürsorge für die Zukunft wird getroffen, wenn der Mensch durch die Gesinnung des Vertrauens, durch das Einsetzen seiner Fähigkeiten und durch das Fördern der Begabungen der anderen dafür sorgt, daß die anderen später aus Dankbarkeit für die empfangene Förderung ihn gerne mittragen werden. Sorge dich nicht darum, sorge dafür! So heißt die Maxime des Vertrauens und des Glücks.

Die Gesinnung der Schenkung wirkt ansteckend: Wenn ein Mensch danach handelt, erzeugt er in den anderen reale Kräfte der Dankbarkeit und des Wohlwollens, die sie ihrerseits dazu veranlassen, uneigennützig ihr Bestes für die anderen zu geben und sie damit zu beschenken. Ich kenne keine bessere – und damit meine ich auch wirtschaftlich gewinnträchtigere – Investition des Geldes, als dafür zu sorgen, daß die Menschen um einen herum aus der Dankbarkeit für alles, was man für sie getan hat, das Bedürfnis entwickeln, notfalls für einen selbst alles zu tun, was sie nur können. Ist das nicht die Art und Weise, wie die Organe eines Lebensorganismus miteinander umgehen, wie sie ihre gemeinsame Gesundheit pflegen und bestens auch für ihre Zukunft sorgen? Es ist die wirtschaftliche, praktische Anwendung des alten Gebotes: Liebe deinen Nächsten wie dich selbst. Wir leben oft in der Illusion, Selbstliebe ohne Nächstenliebe wäre die klügere Art, sich zu lieben und für sich selbst zu sorgen. Dies ist ein großer Irrtum. Derjenige liebt sich besser, der durch Nächstenliebe dafür sorgt, daß die ganze Welt ihn liebt.

Der Egoist liebt sich selbst noch viel zu wenig, so verblüffend das klingen mag. Er liebt nur sich und liebt sich deshalb allein. Statt von allen wird er nur von einem geliebt, von sich selbst. Ihm mangelt es an einer großzügigeren Selbstliebe. Der Altruist ist also der klügere Egoist: Er sorgt dafür, daß die ganze Welt ihn liebt. Leider wird das Gewinnbringende der gegenseitigen Förderung zu selten eingesehen. Wenn jeder versucht, den anderen soviel Geld wie möglich zu entziehen und für sich zu besitzen, ist das genauso sinnvoll, als würde jede Zelle des Organismus versuchen, so viel Blut wie möglich für sich zu behalten.

Erst die wirtschaftliche Begründung des Altruismus kann uns überzeugen, nicht die bloß moralische. Der Altruismus ist gut, weil er gewinnträchtigst ist. Der Egoismus ist schlecht, weil er wirtschaftlich gesehen nachteilig ist.

Kann Geld frei machen?

Aber im Leben ist es doch so, daß derjenige, der mehr Geld hat, sich mehr leisten kann. Mehr Urlaub, ein Auto usw. Wenn man Geld hat, fühlt man sich doch viel freier! Es ist ein Freiheitserlebnis, nicht das beste vielleicht, aber immerhin ein Ersatz für eine Freiheit, die heute sonst nirgends zu finden ist!

Ist das Freiheit? Diese Art von Freiheit ist völlig unbestimmt, ganz ohne Inhalt. Wenn ich dieser Sehnsucht nach Freiheit einen konkreten, einen erlebbaren Inhalt geben will, was mache ich dann? Ich gebe das Geld aus, ich kaufe jetzt das

Auto, ich fahre jetzt in Urlaub. Die eigentliche Sehnsucht des Menschen ist immer die nach Konkretisierung seiner Wünsche hier und jetzt, nach ihrer Erfüllung in der Gegenwart. Wenn ich mein Geld nicht hier und jetzt konkretisiere, das heißt für ganz bestimmte Zwecke ausgebe, was geschieht dann? Statt die Freiheit zu erleben, lebe ich unter dem Zwang – dem Gegenteil der Freiheit – so viel Geld wie möglich zu verdienen.

Spielen wir einmal das neue Auto durch. Wann erlebe ich die Freiheit, von der Sie sprechen? Einzig und allein beim Fahren. Aber die Vorstellung, das eines Tages tun zu können, macht mir doch schon jetzt Freude? Ja, aber sie kann keine reale Freiheit schenken. Eine vorgestellte Freiheit ist noch keine reale. Die Vorstellung meiner Lieblingspizza kann mir zwar Freude machen, sie kann mir sogar das Wasser im Mund zusammenlaufen lassen; sie wird aber nie meinen Magen füllen und meinen Hunger stillen.

Nehmen wir an, ich brauche jetzt kein neues Auto, aber ich habe genug Geld, um eins zu kaufen. Was erlebe ich jetzt? Ich erlebe die Sorge, ob das Geld noch da sein wird, und ob es genug sein wird, wenn ich das Auto wirklich brauche. Und diese Sorge ist das Gegenteil der Freiheit, die Sie angesprochen haben. Jene Freiheit erlebe ich einzig und allein beim Ausgeben des Geldes, das heißt in diesem Fall: beim Erwerben des Autos. Indem ich in meinem neuen Auto sitze und fahre, habe ich dieses Erlebnis der Freiheit, nicht früher. Die Frage ist deshalb: Brauche ich das Geld schon Jahre vorher? Wie lange ich mein Geld schon besessen habe, ohne es auszugeben, das ist aber die allerwichtigste Frage der Wirtschaft. Wirtschaftlich gesehen macht es einen Riesenunterschied, ob das jetzt nötige Geld schon jahrelang in meinen Händen lag, oder ob ich es zu dem Zeitpunkt einnehme, wo ich es brauche. Geld haben – es schon besitzen – ist gerade das Gegenteil von Geld bekommen. Was ich schon habe, kann ich nicht erst erhalten. Das Haben, das Besitzen – oder das Anhäufen, das Horten, das Sparen – ist gerade die Verhinderung des ständigen Umlaufs des Geldes. Was ich besitze, können die anderen nicht gebrauchen.

Könnte ein Organ im Organismus für das jetzt nötige Blut schon Jahre vorher sorgen? Könnte es dieses Blut schon viel früher beiseite schaffen? Um das zu tun, müßte es das Blut zum Stauen bringen, und das wäre eine Krankheit für den ganzen Organismus. Die Voraussetzung für Gesundheit ist aber ein ungestörter, überall verzweigter Kreislauf. Jedes Organ muß immer neu – in der Gegenwart – Blut bekommen und es ohne Zögern weitergeben.

Für den, der jetzt ein neues Auto braucht, wäre es auf jeden Fall besser, wenn er das nötige Geld jetzt bekommt, und nicht, daß er es schon längst hat. Er würde dieses Geld verdienen, wenn die weitere Entfaltung seiner Begabungen ein neues Auto nötig macht und wenn diese Begabungen von den anderen entsprechend hoch geschätzt werden. Das Stauen vermeiden heißt also: So schnell wie möglich alles Geld weitergeben, das ich einnehme, und es anderen zur Verfügung stellen. Nur das kann bewirken, daß jeder immer wieder so viel wie nur möglich bekommt! Und zwar nicht irgendwann in der Zukunft, sondern jetzt. Überlegen Sie doch: Das nötige Geld immer neu zu erhalten, ist viel besser als unnötiges Geld lange zu besitzen, mit der ständigen Sorge, daß es doch nicht genügt oder durch Inflation halbiert wird. Und wichtiger noch: Wenn alle gerne empfangen und keiner gerne gibt, was passiert dann? Daß viele zu wenig bekommen!

Ich sehe gerade in diesem Teufelskreis der ständig anschwellenden Geldberge die größte Krankheit der heutigen Menschheit. Die globalisierte Wirtschaft ist darauf angelegt, immer mehr Geld in den Händen von immer weniger Menschen zu konzentrieren, ohne daß bei den anderen der Wunsch nach mehr Geld nachläßt. Daraus folgt, daß derjenige ein kluger Mensch ist, der, welches Geld auch immer er erhält, es so schnell wie möglich wieder los wird. Ich sage nicht, schneller als möglich, ich sage, so schnell wie möglich. Geld horten heißt zunächst, nichts dafür zu bekommen. Besitzen heißt zunächst nur darauf zu sitzen und Sorge haben, daß der Neid der anderen einem diesen Stuhl zu heiß machen könnte.

Das Beispiel mit dem Auto trifft aber doch auf viele Menschen gar nicht zu. In meinem Bekanntenkreis wünschen sich die meisten keinen BWM oder Porsche, sondern vor allem mehr freie Zeit! Und nur wer Geld gespart hat, kann sich mal ein Jahr beurlauben lassen oder vielleicht halbtags arbeiten.

Diese prinzipielle Frage läßt sich nicht einfach im Handumdrehen beantworten. Ich möchte aber einige grundsätzliche Überlegungen zusammenfassen.

Unsere sogenannte Kultur leidet unter vielen „Spaltungen" die von den Menschen verinnerlicht worden sind. Da ist zum Beispiel die Spaltung zwischen öffentlichem und privatem Leben, zwischen Glauben und Wissen, aber vor allem die Spaltung zwischen freie und unfreier Zeit. Der Durchschnittsmensch sieht es vielleicht als „normal" an, daß alle für ihr Geld schuften müssen, und begreift nicht, daß diese Meinung zur umfassenden Lebenseinstellung wird, die das Sein, nicht nur das Handeln, prägt. Das Gegenteil von „für sein Geld schuften" nenne ich – provokativ aber keineswegs realitätsfremd – „das Leben genießen". Der durchschnittliche Mensch gewöhnt sich daran, für sein Geld zu schuften, und weiß vielleicht nicht einmal, wie es wäre, das Leben zu genießen. Um das zu erkennen und zu versuchen, müßte er erst ein anderer Mensch werden.

Dazu ein Beispiel: Viele Frührentner mit viel Freizeit – ich rede jetzt von denen mit genug Geld – finden plötzlich, daß ihr Leben sinnlos ist. Der einzige Inhalt war ihre Tätigkeit, ja, vielleicht nicht einmal ihre Tätigkeit, sondern nur das Geld, was sie einzubringen hatte. Jetzt stehen sie da, mit genug Geld, unbegrenzter Freizeit und mehr als genug Depressionen. Natürlich gibt es auch glückliche Frührentner, aber ihr Glück ist nicht in erster Linie dem Geld zu verdanken, sondern ihrer sinnvolleren Lebensgestaltung, die keineswegs improvisiert werden kann.

Die Erwartung, man könne das Leben in der Freizeit genießen, wenn man diesen Genuß nicht auch in der Arbeitszeit spüren kann, ist schizophren. Wie viele Menschen müssen sich nach ihrem Urlaub erst einmal richtig erholen, weil die Ferientage genauso stressig waren wie die Arbeitstage? Wer das nicht muß, hat die seltene Begabung, ein bißchen Urlaubsstimmung in die Arbeit mitzunehmen.

Es stimmt, daß wir für unsere Freizeit Geld brauchen. Aber warum eigentlich? Weil wir nur für unsere Arbeit bezahlt werden! Aber in einer Kultur der Menschlichkeit würde die Freizeit viel mehr Geld „verdienen" als die unfreie Zeit – sie „verdient" es tatsächlich. Eine Freizeit, für die man Geld braucht, ist zunächst nur eine Verbraucherzeit. Aber ein Mensch, der in seiner freien Zeit nur verbraucht, ist ein armer Teufel. Das gute Leben besteht nicht darin, daß die Arbeitszeit für die Freizeit das Geld verdienen muß, sondern umgekehrt:

Die Freizeit, die Zeit des freudigen, schöpferischen Lebens, erzeugt das Geld für die notwendige Arbeit.

Aber der Mensch muß doch irgendwie für seine Zukunft sorgen. Er kann doch nicht wie ein Kind von einem Tag zum anderen leben. Im Evangelium gibt es da auch eine Stelle, mit der ich ziemliche Probleme habe. Es heißt ungefähr: „Schaut auf die Lilien auf dem Feld und auf die Vögel in der Luft. Sie kümmern sich nicht um ihre Zukunft, und der Vater im Himmel sorgt für sie." Kann das wirklich so gemeint sein?

Als vernünftiger Mensch meinen Sie bestimmt: Das kann doch nicht so gemeint sein, daß ich in den Tag hineinlebe und mir keine Gedanken darüber mache, ob meine Kinder in fünf Jahren überhaupt noch eine Lebensgrundlage haben. Der liebe Gott hat sie doch meiner Fürsorge anvertraut, im Unterschied zu den Lilien und Vögeln. So kann es nicht gemeint sein, sagen Sie, und so ist es auch nicht gemeint. Gemeint ist: Wenn jemand in der Gegenwart seine besten Kräfte anwendet, dann sorgt er damit am besten für Gegenwart und Zukunft. Wenn er seine jetzige Entwicklung aus lauter Sorge um die Zukunft vernachlässigt, sorgt er weder für heute noch für morgen. Der Übergang von einer Geldwirtschaft – von der unnötigen Sorge um die Zukunft – zu einer Fähigkeitenwirtschaft, die sich um jeden Menschen hier und jetzt kümmert, ist die beste Weise, auch für die Zukunft aller zu sorgen. Nur müssen wir dafür von der Gesinnung „jeder nur für sich" zu der Gesinnung „jeder für alle und alle für jeden" kommen.

Ein ganzes Leben lang ist uns eingetrichtert worden, wir sollten für die Zukunft sparen. Wenn Sie das nicht für sinnvoll halten, wo soll dann das Geld herkommen, wenn wir es brauchen?

Was ich in Frage stelle, ist nicht das Sparen generell, sondern das besessene Sparen, wenn das einzige, was wir unserer Zukunft zugutekommen lassen, das abstrakte Geld ist. Das ist die höchste Stufe der Einfallslosigkeit bei der Sorge um unsere Zukunft. Mit Geldsparen allein ist zu wenig für unsere Zukunft getan, damit wird bei weitem nicht genug für unsere Zukunft „angespart".

Ein Beispiel dazu: Ein Elternpaar hat jahrzehntelang viel Geld gespart. Wir wollen jetzt nicht weiter verfolgen, was dieses Geld in seiner Suche nach Zinsvermehrung inzwischen in der Welt angerichtet hat; bleiben wir bei diesen Eltern. In ihrem Spareifer haben sie oft Entscheidungen getroffen, die ihnen schwer gefallen sind. Sie hätten wesentlich mehr Geld für die Ausbildung ihrer Kinder ausgeben können. Jetzt sind sie älter geworden, und ihre Kinder haben wenig Möglichkeiten, sich um sie zu kümmern. Es fehlt ihnen nicht nur an Geld, sondern auch an Zeit und an der nötigen Ausbildung ihrer Begabungen. Ich frage jetzt: Hätten die Eltern nicht wesentlich besser, nicht beträchtlich mehr für die Qualität ihrer eigenen Zukunft gespart, wenn sie dafür gesorgt hätten, daß ihre Kinder mehr Geld und Zeit und Dankbarkeit für sie in ihrem Alter haben?

Es kann aber auch ganz anders kommen, wenn man viel, vielleicht zu viel für seine Kinder ausgegeben hat. Und ist es eine gute Motivation, wenn man seine Kinder um der Dankbarkeit im Alter willen finanziell besonders fördert?

Das ist gewiß eine egoistische Motivation, doch deswegen ist sie nicht schlecht. Wir haben gerade gesehen, daß die Selbstliebe die Nächstenliebe nicht ausschließt. Man kann die eigenen Kinder um seiner und um ihrer selbst willen fördern.

Nehmen wir an, eine Generation spart in der ersten Hälfte des Lebens viel Geld und hat in der zweiten Hälfte sehr viel Geld zur Verfügung. Die wichtige Frage ist: Was haben diese Menschen tun müssen, um viel Geld zu sparen? Sie müssen entsprechend weniger Geld ausgegeben haben, sie haben ihrem Handwerker weniger gegeben, ihrer Ärztin, dem Therapeuten, der Lehrerin, der Steuerberaterin, dem Maler... Sie haben mit anderen Worten die allgemeine Grundlage ihres eigenen Wohlstands vernachlässigen müssen. Jetzt stehen sie als ältere Menschen mit viel gespartem Geld da, das sie gar nicht zum Beispiel für gute Kunstwerke und gute Therapien ausgeben können, weil keine guten Künstler mehr da sind und auch keine guten Therapeuten. Wozu nützt ihnen jetzt das viele Geld?

Mit dem Sparen ist es keine leichte Sache, wenn wir mit Sparen meinen, daß ein Mensch sich die Lebenskunst erwerben soll, für das ganze Leben im besten Sinne zu sorgen. Man kann sich das Sparen viel zu einfach machen, und das Geldsparen ist das allereinfachste. Aber einfacher ist nicht gleich besser. Sie kennen vielleicht die Geschichte des armen Bauern, dem sein Esel zu teuer wurde, weil er ihm zuviel Heu fraß. Da kam der Bauer auf den Gedanken, der Esel könne doch mit dem Heu sparsamer umgehen, da er selbst als Mensch auch so furchtbar knausern müsse. So fing er an, dem Esel von Tag zu Tag weniger Heu zu geben. Und wie froh war er, festzustellen, daß es auch eine Zeitlang ging. Doch bald war die tägliche Portion Heu so gering geworden, daß der Esel starb. Jetzt dachte der Bauer, daß er ja nicht nur einen Teil, sondern das ganze Heu sparen könnte...Wir können darüber ruhig lachen, aber diese Geschichte hat auch ihre ernste Seite. Und die besteht darin, daß ein großer Teil des heutigen Sparens nicht viel anders aussieht als das Heusparen des Bauern. Es gibt viele Menschen, die sehr emsig ein ganzes Leben Heu sparen und niemals merken, daß sie den Esel dabei verlieren.

Für eine Betrachtung der wirtschaftlichen Realität, in der wir leben, genügt es nicht, daß wir nur auf die persönlichen Folgen des Sparens schauen. Wir leben mit den Folgen dessen, was die Berge von gespartem Geld in unserem Leben bewirken. Bis zu einer gewissen Grenze ist die Kapitalbildung durchaus notwendig für eine arbeitsteilige, die Waren verbilligende Produktion. Jenseits dieser Grenze kehrt sich die Sache aber um: Das überschüssige Kapital kann nicht mehr im realen Prozeß der wertebildenden Herstellung verbraucht werden und wird dazu gezwungen, sich selbst zu vermehren. Das kann nur durch Ausbeutung und Zerstörung des wirtschaftlichen Prozesses geschehen.

Der Bundesverband deutscher Banken hat kürzlich mitgeteilt, daß es den Deutschen immer besser gehe. Ihr angespartes Geldvermögen steige weiter. Die privaten Haushalte allein verbuchten sieben Billionen Mark, das sind sieben Millionen mal Millionen, also 7 000 000 000 000 DM allein an Geldvermögen. Die Wohnimmobilien betragen noch mehr: 7,6 Billionen DM, und das sonstige Sachvermögen beträgt 3,2 Billionen. Insgesamt also ein gespartes Vermögen von etwa 18 Billionen Mark. Was macht all dieses Geld? Was tut es, um sich immer weiter zu vermehren? Was muß das westliche Kapital gegen die Konkurrenz des mitteleuropäischen tun, um die eigenen Zinseszinsen zu sichern? Es ist ganz ausgeschlossen, daß all dieses Geld in den realwirtschaftlichen Prozeß investiert wird, denn diese Investition muß das Geld zunächst entwerten, das heißt verbrauchen, um es erst danach – nach dem jedem Organismus zugrundeliegenden Entwicklungsgesetz – neu zu bilden. Es ist nicht weniger krankmachend, schon jetzt das für die nächsten fünf Jahre nötige Geld zu haben, als es für einen Organismus schädlich ist, schon jetzt die Nahrung für die nächsten fünf Wochen aufzunehmen.

Wenn wir die Schäden überblicken könnten, die das übermäßige Sparen anrichtet, würden wir uns sagen müssen: Es wird viel zu viel gespart. Statt ihr weniges Geld selbst zu gebrauchen, geben es die Ärmeren lieber den Reichen, denn genau das bewirkt das Sparen. Auf diese Weise klafft die Schere zwischen Arm und Reich immer bedrohlicher auseinander. Wenn wir das erkennen würden, würden wir auch sehen, wie dringend notwendig es ist, weniger zu sparen. Und zwar weniger aufgrund eines moralischen Sollens, als aufgrund der Einsicht in Gesundheit oder Krankheit der Wirtschaft, die zugleich unsere Gesundheit oder Krankheit ist. Keine Entwicklung ist bloß linear und setzt sich in dieselbe Richtung ins Unendliche fort. Wo Leben ist, finden überall Umkehrungen statt, auch das Heranwachsen von Pflanze, Tier und Mensch kehrt beim Altern und Absterben seine Richtung um. Jedes Wachen findet im Schlafen seine Umkehrung. So ist es auch mit der Entwicklung des Geldes: Die Sparsamkeit kann in der ersten Phase der Geldwirtschaft, so lange noch zu wenig Geld im Umlauf ist, als Tugend betrachtet werden. Jetzt, wo zu viel Geld vorhanden ist, ist sie schon längst zu einem Laster geworden: zum Geiz!

Schauen wir wieder auf den Kreislauf des Blutes im Organismus. Er bewirkt nicht nur, daß jedes Organ das bekommene Blut weitergibt, sondern vor allem, daß es auch immer wieder neues Blut bekommt. Wenn alle Menschen das hereinkommende Geld weitergeben würden, würden alle genügend neues Geld von allen Seiten erhalten. Bei der allgemein wachsenden Freude am Weitergeben würde jeder auch entsprechend viel einnehmen. Denn wir müssen auch die umgekehrte

Frage stellen: Woher kommt es, daß so viele klagen, daß sie nicht genug Geld haben, oder daß sie Schulden haben?

Es kommt daher, daß andere wieder zu viel haben.

Und warum haben sie zu viel?

Weil sie es nicht hergeben wollen.

Und was machen sie damit, wenn sie es nicht hergeben?

Sie sparen!

Da haben wir es! Sparen heißt unter anderem, das Geld anderen nicht zu geben. Ich sage nicht, daß man ganz aufs Sparen verzichten sollte. Ich möchte nur auf eine andere, sogar rentablere Art des Sparens hinweisen, die im Fördern von Begabungen besteht. Begabungen fördere ich, wenn ich beispielsweise der Lehrerin meiner Kinder, deren Leistung ich sehr hoch schätze, im Jahr lieber tausend Mark mehr statt weniger gebe. Dieses Geld werde ich so nicht unmittelbar für mich sparen, aber mit dieser Schenkung sorge ich langfristig nicht weniger gut für meine eigene Zukunft.

Genug Geld für alle

Wenn die Gesinnung der gegenseitigen Förderung von Begabungen mehr zum Zuge käme, wäre die erste Folge, daß jeder Mensch von der Kindheit an bis zum Ende seines Lebens von der Allgemeinheit das Nötige für ein menschenwürdiges Dasein bekommt, und zwar völlig abgesehen davon, ob er etwas für die Allgemeinheit leistet oder nicht. Das wäre die einzige vernünftige Rente. Wenn alle gerne das für sie jeweils unnötige Geld in Umlauf bringen würden, könnte man kinderleicht mehr als genug Geld zusammenbekommen – zum Beispiel in Form von Steuern – um allen Menschen ein menschenwürdiges Leben zu ermöglichen. Dies müßte natürlich im Gesetz fest verankert sein. Steuern sind ja meistens verkappte Schenkungen: erpreßte Schenkungen, wenn sie unfreiwillig entrichtet werden, freie Schenkungen, wenn man gerne das Geld der Allgemeinheit zugute kommen läßt.

Durch die real erlebbare, in der Schaffensfreude begründeten Freude am Schenken würde sich die allgegenwärtige gegenseitige Erpressung erübrigen, die wir dadurch ausüben, daß jeder sein Geld ins Unendliche zu steigern versucht, weil er ja nie weiß, was ihm passieren könnte, wenn er sechzig, siebzig oder achtzig Jahre alt wird. Wenn die Ungewißheit der Zukunft und die Angst uns nach immer mehr Geld jagen lassen, versuchen wir durch gegenseitige Ausbeutung immer mehr Geld zusammenzuraffen. Abhilfe kann nur geschaffen werden, wenn jeder weiß: Was mir auch immer in der Zukunft passiert, es ist die im Gesetz verankerte Pflicht der Allgemeinheit, jedem Menschen das zu geben, was er für ein menschenwürdiges Dasein braucht, und ich weiß schon jetzt, daß mir das niemals fehlen wird. Jeder, der begreift, daß keine Gesellschaft ohne allgemeinpflichtige Steuern leben kann, entrichtet sie gerne. Für ihn besteht dann kein Zwang mehr.

Dann würde jeder immer das geben, was er geben kann?

Ja. Die einzig wirklich sinnvolle Steuer ist die Ausgaben- oder Mehrwertsteuer. Keiner kann mehr ausgeben als er hat, und bei jeder Ausgabe würde so und so viel der Allgemeinheit zukommen. Ich werde später noch ausführen, wie dafür gesorgt werden kann, daß keiner weniger ausgibt, als er kann.

Und jeder würde dann immer leisten, was und soviel er kann?

Das ist nicht garantiert. Was ist, wenn jemand nur faulenzt?

Wenn jemand nur faulenzt, dann soll er doch selber sehen, wie er klarkommt.

Nein, nein, deswegen haben wir ja zuviel Geld: Weil wir aus unserem Geiz heraus diesem Menschen kein Geld geben wollen.

Ich bin nicht geizig, sondern ich will diesem Menschen damit helfen, selbst etwas zu tun.

Wenn jemand einen anderen dazu zwingen will, selbst für seinen Lebensunterhalt zu sorgen, ist das zumeist deswegen, weil er selbst das Nötige für sein Leben nicht freiwillig tut, sondern unter dem Zwang der Pflicht oder des Prestigedenkens steht. Wenn jemand dagegen aus reiner Schaffensfreude mehr tut als er müßte, wird er aus derselben Freude heraus gerne dem anderen, der diese Freude nicht erleben kann, das Nötige für sein Leben geben. Wenn jemand für sich das unfreie Sollen niemals in Anspruch nehmen muß, weil er leidenschaftlich gerne seine Fähigkeiten für das Wohl aller einsetzt, warum soll er den anderen zu irgend etwas zwingen? Er ist schon unglücklich genug, daß er die Freude am Schaffen nicht kennt. Sollen wir ihn noch dazu bestrafen, indem wir ihm den Lebensunterhalt entziehen?

Es wäre doch schön, wenn jeder die positive Kraft bekäme, selber für sein Leben zu sorgen!

Und wenn er nicht genug tut? Tun Sie denn immer absolut alles, was Sie können?

Ja, ich versuche es.

Nehmen wir an, der Staat gibt Ihnen plötzlich weniger, weil er meint, Sie leisten nicht soviel wie Sie könnten oder sollten. Wie sieht es da aus?

Schlimm . . .

Aber genau das wollen Sie auch mit dem Faulenzer tun. Sie wollen urteilen, daß er nicht alles tut, was er könnte oder sollte. Geben wir doch jedem Menschen, was er benötigt, um würdig zu leben! Wir hätten mehr als genug Geld dafür, wenn wir es nicht an den Börsen anhäufen würden. Wir haben mehr als genug Geld auf der Welt, um jedem Menschen das zu geben, was er braucht, um menschenwürdig zu leben.

Aber dann schlagen sich die Leute die Köpfe ein.

Nicht deswegen schlagen sie sich die Köpfe ein, weil sie sich nicht darüber einigen können, wieviel jeder Mensch braucht, sondern weil sie nicht bereit sind, es zu geben. Das für alle gültige Gesetz könnte unter anderem festlegen, wieviel in einem gewissen Land und zu einer gewissen Zeit jedem Menschen gegeben werden kann und soll – wirtschaftlich realistisch berechnet – um ihm ein menschenwürdiges Leben zu ermöglichen. Möglich ist das auf jeden Fall, wenn nur genügend Menschen einen starken Willen in dieser Richtung aufbringen würden.

Im Prinzip ist es doch unsere Sozialhilfe, von der Sie eben gesprochen haben. Liegt das Problem nicht hauptsächlich darin, daß die meisten mehr Konsum und mehr Prestige wollen, als eine Grundrente erlaubt? Wenn ich Sie richtig verstehe, sehen Sie die Hauptschwierigkeit im fehlenden

Bewußtsein darüber, daß das Einsetzen der eigenen Talente, was Sie Schaffensfreude nennen, zum Glück führt, und nicht allein der Wohlstand.

Dieses Bewußtsein in den Menschen zu erwecken, scheint mir die dringendste Aufgabe zu sein. Nur ist nicht gemeint, daß alle nur soviel haben sollen, wie ihnen die Grundrente erlaubt. Dies gilt nur für diejenigen, die sich damit zufrieden geben, nichts zu leisten. Diejenigen aber, die schöpferisch, die wirtschaftlich produktiv sind, werden einen viel höheren Umsatz, mehr Ein- und Ausgaben haben. Die sinnvolle Grenze für den Umsatz, die nicht „ungestraft" überschritten werden darf, soll nicht von einer abstrakten, wirtschaftsfremden Moral bestimmt werden, sondern von der Wirtschaft selbst. Und das Lebensgesetz der Wirtschaft lautet: Alles Geld, das wieder in einen realen Produktionsprozeß investiert wird, belebt die Wirtschaft und macht sie gesund. Alles Geld dagegen, das nicht wieder in den wertebildenden Prozeß hineinfließt, muß nach Zinseszins streben und wirkt zerstörerisch.

Die Schwierigkeit liegt aber darin, daß durch die Fixierung auf das Geld zu viel für Lohn und zu wenig aus der Begeisterung heraus gearbeitet wird. Die Menschen zwingen sich mit zusammengebissenen Zähnen zum Guten, weil man sie davon überzeugt hat, daß sie es nicht freiwillig und schon gar nicht leidenschaftlich gern wollen können. Und viele von uns haben sich leider davon überzeugen lassen. Statt die reine Freude am Schaffen zu erleben, haben wir uns an das freudelose Schuften gewöhnt, um möglichst viel Geld zu verdienen. Ein armseliges Leben ist das! Die Hölle in der Gegenwart für das Paradies in einer Zukunft, die niemals zur Gegenwart wird. Ist nicht der Genuß, schöpferisch tätig zu sein, beglückender als jedes bloße Sollen? Braucht man noch extra Geld als Belohnung dafür? Der Lohn der Schaffensfreude ist die Freude selbst, ist das Schaffen selbst!

Unsere Häuser haben Räume, in denen es Dinge gibt, die wir brauchen oder vielleicht auch nicht; und unten gibt es den Keller, wo es noch mehr Dinge gibt, die wir nie brauchen. Alles Ballast. Für den Haushalt haben wir ungefähr das Geld, das wir brauchen, aber auf der Bank liegt das Geld, das wir nicht brauchen. Das ist auch zum großen Teil Ballast! Wenn ein Mensch gerne tut, was er tut, wenn er Spaß daran hat, dann will er kein bißchen mehr bekommen, als er braucht, um weiter so wirken zu können. Alles andere ist nur Ballast.

Wie ist es denn zum Beispiel mit der Müllabfuhr oder dem Toilettenputzen und der Freude am Schaffen? Dabei kann ein Mensch ja wohl kaum seine eigentliche Begabung entfalten?

Es gibt Arbeiten, die einfach notwendig sind, weil sie den leiblichen Bedürfnissen dienen; und es gibt Arbeiten, die nicht notwendig sind, die uns ganz frei stehen, weil sie der Pflege unseres Geistes dienen. In die Wirtschaft gehören nur die Arbeiten, die notwendig sind. Dazu gehören auch Müllabfuhr und Toilettenputzen, was sicherlich nicht weniger notwendig ist als Büroarbeit. Was ich Schaffensfreude nenne, kann sich gerade an der Einsicht entzünden, daß dasjenige, was man in der Wirtschaft tut, für das Allgemeinwohl unentbehrlich ist. Dies trifft, wie gesagt, in ganz hohem Maße auch für die Müllabfuhr und das Toilettenputzen zu. Jeder macht die „Reinlichkeitspflege", die seinen eigenen Körper betrifft, mit großer Selbstverständlichkeit, man könnte sogar sagen, mit Freude. Warum soll es nicht möglich sein, dieselbe Selbstverständlichkeit und dieselbe Freude zu erleben, wenn man Reinlichkeitsarbeiten auch für die anderen tut? Man kann echte Freude daran haben, etwas zu tun, das zwar abstoßend erscheinen mag, aber für alle lebenswichtig ist. Natürlich haben viele Menschen die „Begabung", Toiletten zu putzen oder den Müll wegzuschaffen, in dem Sinne, daß sie es äußerlich können. Aber nur wenige werden die hohe Begabung haben, diese Arbeit mit Schaffensfreude zu tun, aufgrund der eingesehenen Unerläßlichkeit dieser Arbeiten als Lebensgrundlage für alle. Alle diejenigen, die diese seltene Begabung nicht haben, möchten lieber etwas anderes, ihnen wichtiger oder menschenwürdiger Erscheinendes tun. Der Begabte hingegen weiß, daß alles Notwendige gerade deshalb höchst menschenwürdig ist, und er kann auch der bescheidensten Handlung innere Größe verleihen.

Das überzeugt mich noch nicht. Es klingt so, als wenn Sie den bedauernswerten Toilettenputzern als Ausgleich für ihren miesen Job eine höhere und besonders seltene Begabungsstufe zusprechen wollen. Wieso sollte jemand an so einem Job echte Freude haben? Nur weil irgendjemand ihn machen muß, wird er auch nicht angenehmer.

Stellen Sie sich vor, Sie selbst hätten diesen miesen Job, einfach weil Sie nichts anderes für Ihren Lebensunterhalt gefunden haben. Es steht Ihnen frei, den miesen Job durch eine miese Stimmung noch unerträglicher zu machen – oder durch eine heitere Stimmung etwas erträglicher. Ein Alleinerziehender muß vielleicht auch öfter, als er möchte, sein neugeborenes Kind „putzen". Er hat die Möglichkeit, es mit Liebe, sogar mit Freude zu tun. Sie werden sagen, daß das leichter ist, weil es sein eigenes Kind ist. Zugegeben. Aber das Glück der Schaffensfreude kann ich nur in dem Maße erleben, in dem ich jeden anderen Menschen als zu mir gehörig betrachte.

Außerdem gehört zur Menschlichkeit (wie ich sie verstehe) auch, daß nicht ein einziger Mensch vierzig Stunden in der Woche Müll beseitigt, sondern lieber zehn Menschen vier Stunden lang. Diese vier Stunden können dann leichter mit Schaffensfreude absolviert werden als vierzig, insbesondere wenn die Mitbürger so menschlich wären, daß sie diese unverzichtbare Leistung zehnmal höher schätzen und bezahlen, als sie das üblicherweise tun.

7. Zahlen, Schenken, Leihen

Unsere nächste Aufgabe wird sein, auf die drei Arten des Geldgebrauchs näher einzugehen – Zahlen, Leihen und Schenken. Wenn wir schon eine Geldwirtschaft haben, muß sich aus einer näheren Betrachtung des Umgangs mit Geld ergeben, daß unsere Geldwirtschaft von allein dazu neigt, sich allmählich in eine Fähigkeitenwirtschaft zu verwandeln.

Das erste, was ich mit Geld machen kann, ist, daß ich damit etwas kaufe. Dies geschieht jedesmal, wenn ich für etwas sozusagen „a tempo" zahle. Es kann eine Flasche Milch sein, ein Konzert, eine Reise, ein neuer Computer, was auch immer. Hauptsache, ich bezahle die Ware oder die Leistung in dem Augenblick, wo ich sie erwerbe oder in Anspruch nehme. In all diesen Fällen erlebe ich mich als Kunde, als Verbraucher, aufgrund von ganz konkreten Bedürfnissen, die gegenwärtig in mir vorhanden sind und die ich befriedigen will. Auch wenn ich einem Freund einen Fotoapparat schenke, mag die Freude am Schenken noch so groß sein, im Laden komme ich nur als Käufer in Frage und ich muß als Verbraucher entscheiden, wieviel Geld ich dafür ausgeben will. Daß dieser Apparat dann zwischen mir und meinem Freund zum Geschenk wird, interessiert den Verkäufer nicht. Im Laden ist das Gerät zunächst reine Ware mit einem bestimmten Preis.

Die Ansprüche der Menschen als Käufer sind sehr unterschiedlich. Der durchschnittliche moderne Mensch meldet beispielsweise unendlich mehr Wünsche an als der Mensch im Mittelalter. Dies geht mit der Tatsache einher, daß heute jeder im Normalfall über weit mehr Waren, Dienstleistungen und

Geld verfügen kann als der Mensch damals. Die moderne Arbeitsteilung und die Technik haben ihrerseits dafür gesorgt, daß sich die Waren, die heute hergestellt werden, verglichen mit der Anzahl der damals angefertigten, vertausendfacht haben. Und so hat auch jeder mehr Geld zur Verfügung als damals.

Kein Mensch kommt jedoch nur als Käufer in Frage, keiner ist ausschließlich in der Lage, von den anderen empfangen zu müssen, ihre Waren oder Dienstleistungen in Anspruch zu nehmen. Die besten Stunden des Lebens sind diejenigen, in denen man für andere schaffen kann, in denen man selbst zum Hersteller von Waren oder Dienstleistungen wird, die man anderen zur Verfügung stellt. Dabei erlebt man innere Erfüllung, weil man anderen sein Bestes schenkt, und das macht glücklich. Das Schaffen für die anderen ist in Wirklichkeit ein Schenken. Es kann nur freiwillig hervorgebracht und freiwillig entgegengenommen werden.

Und so ist auch die zweite Grundform des Geldgebrauchs das Schenken. Das Schenken macht den Menschen glücklicher als das Kaufen, weil man dabei dieselbe Erfahrung macht wie beim Einsetzen der eigenen Talente. Nur macht man diese Erfahrung einem Mitmenschen möglich! Bei der Ausübung der eigenen Fähigkeiten erlebt man Selbstverwirklichung und beim Beschenken freut man sich, daß man mit dem Geschenk einem anderen ermöglicht, seine eigenen Talente zu entfalten, und damit seine Erfüllung, sein eigenes Glück zu erleben.

Wenn Sie sich glücklich fühlen, weil Sie die Anwendung Ihrer Fähigkeiten genießen, was geschieht dann mit Ihren Bedürfnissen? Sie werden einerseits konkretisiert und andererseits eingeschränkt. Statt sich Sorgen darüber zu machen, was Sie alles brauchen könnten, wissen Sie, was Sie wirklich brauchen und was nicht. Erst in der Freude am schöpferischen Tun haben Sie das richtige Kriterium in der Hand, um zu wissen, was für Sie wirklich nötig ist und wozu Sie die Waren und Dienstleistungen der anderen in Anspruch nehmen wollen.

Fassen wir also zusammen: Mit Geld können wir kaufen und bezahlen, was wir brauchen. Mit Geld können wir die Fähigkeiten der anderen beschenken, wenn wir dieses Geld nicht selber nötig haben. Den Grund, warum heute so wenig geschenkt wird, werden wir besser verstehen, wenn wir näher auf die dritte Form des Geldgebrauchs eingehen: das Leihen.

Wenn jemand Geld verleiht, dann immer deswegen, weil er es jetzt nicht nötig hat. Es liegt kein wesentlicher Unterschied darin, ob ich mein Geld, das ich jetzt nicht brauche, einem anderen Menschen leihe, ob ich es bei der Bank anlege oder ob ich Aktien kaufe. Die Absicht bleibt bei einem Darlehen immer dieselbe: Irgendwann später will ich mein Geld – im Normalfall durch Zinsen vermehrt – zurückbekommen. Der Gläubiger bleibt beim Verleihen der Eigentümer des Geldes und durch die Bedingungen, die er für das Leihen stellt, bindet er den Schuldner. Dies gilt auch, obwohl im abgeminderten Maße, im Fall eines zinslosen Darlehens, denn auch da muß das Geld zurückgegeben werden. In diesem Fall werden nur die Zinsen geschenkt. Ganz anders ist es bei der Schenkung: Der Beschenkte unterliegt keinen Bedingungen, er bekommt uneingeschränkte Verfügungsgewalt über das Geld.

Leihen ist nicht gleich Leihen

Alle drei Formen des Geldaustausches – Bezahlen, Schenken, Leihen – sind wirtschaftlich am vorteilhaftesten, wenn beide Seiten einen Gewinn erzielen. Beim Kaufen sieht der Verkäufer einen Vorteil im Geldgewinn, der Käufer im Erwerb der Ware. Das Schenken ist wirtschaftlich vorteilhaft auch für den Schenkenden, wenn er in der Förderung der Begabungen des anderen nicht weniger einen Gewinn für sich selbst sehen kann.

Mit dem Leihen ist es genauso. Die Spannung, die zwischen dem Verleihenden und dem Ausleihenden entsteht, kann höchst gewinnbringend für beide sein. Für den Schuldner kann der Druck, fristgerecht und vermehrt mit Zinsen das Geld zurückgeben zu müssen, der beste Ansporn sein, all seine Kräfte einzusetzen, um außerdem auch noch für sich einen Gewinn zu erzielen. Dies ist aber nur dann möglich, wenn derjenige, der das Geld geliehen bekommt, dieses Geld in den realwirtschaftlichen Prozeß investieren kann.

Aber auch hier kehrt sich die Sache nach dem Überschreiten der vorhin erwähnten Grenze um. So wie das geliehene Geld, das für die wertebildende Produktion eingesetzt wird, die Wirtschaft dynamisieren kann, kann jenes geliehene Geld sie auch lähmen, wenn es für den Zinseszins „investiert" wird – also nicht für die Förderung der Produktivität, sondern ganz im Gegenteil für ihre Ausbeutung. Auch hier zeigt sich, wie wichtig es für die Gesundheit der Wirtschaft ist, daß nicht mehr Geld geliehen wird, als für die Herstellung von Waren und Dienstleistungen nötig ist. Deshalb darf nicht mehr Kapital gebildet werden, als der realwirtschaftliche Herstellungsprozeß verbrauchen kann.

Der wirtschaftliche Sinn des Leihens liegt darin, daß der Beliehene das Geld so verwendet, daß beide einen Gewinn davon haben. Dabei ist nicht entscheidend, wer das Geld besitzt: Alles kommt auf die Art des Gebrauchs an, den der Beliehene davon macht. Und dies hängt wiederum von seinen

Fähigkeiten, von seinen Begabungen ab. So können wir sagen: Am gewinnbringendsten ist das Geld, das ganz konkreten und individuellen Fähigkeiten geliehen oder zur Verfügung gestellt wird. Wer das Geld für seine Talente braucht, der soll es auch haben. Ihm das Geld zu geben, ist sinnvoll.

Ein Geldschein ist an sich noch nichts Konkretes. Real ist erst das, was damit erworben oder getan wird. Das Geld wird nur in dem Moment konkret, wo es ausgegeben wird. Das Ausgeben, das Gebrauchen ist die einzig mögliche Konkretisierung des Geldes. Und was heißt ausgeben? Es heißt, es einem anderen in Form von Bezahlung oder Schenkung zu geben. Nicht das bloße Besitzen ist also in der Wirtschaft wertebildend, sondern der Gebrauch. In dem Maße, in dem das bloße Besitzen unwichtig wird, bekommt alles Leihen die Tendenz, sich in eine Schenkung zu verwandeln. Dadurch entsteht eine gegenseitige Förderung, wie sie auch bei den Gliedern eines Organismus wirksam ist. Die Freude am Schenken als Lebenseinstellung vermag sogar das Kaufen in eine Schenkung zu verwandeln: Der Käufer schenkt dem Verkäufer das Geld, und der Verkäufer schenkt dem Käufer die Ware. In einem Organismus kann kein Organ von allein irgendetwas „verdienen": Es bekommt alles vom Ganzen geschenkt und gibt alles dem Ganzen als Geschenk zurück.

Das organische Gesetz der Umkehrung zeigt seine wirtschaftliche Seite am besten beim Leihen. Das Leihen steht in der Mitte zwischen Zahlen und Schenken, und im Leihen selbst gibt es eine Grenze, jenseits derer sich das Leihen von einem beiderseitigen Vorteil in einen beiderseitigen Nachteil verkehrt. Solange der Verleiher das Auge fest auf ganz konkrete, möglichst individuelle Begabungen gerichtet hält, denen er das Geld leiht mit der Absicht, sie zu fördern – weil nur als

Folge dieser Förderung auch der eigene Gewinn erfolgt –, solange dies der Fall ist, wird das Leihen die Produktion anregen und auch für den, der das Geld ausgeliehen hat, höchsten Gewinn erbringen.

Die Wirkung des Leihens kehrt sich aber um, wenn der, der verleiht, die Förderung der Begabungen des Entleihers aus den Augen verliert und nur den eigenen Gewinn durch reinen Kapitalzuwachs sucht. Die Umkehrung besteht darin, daß beide, auch der Verleiher, einen Nachteil haben werden, obwohl dieser Nachteil zunächst nicht leicht zu erkennen ist. Wenn diese Umkehrung nicht vorhanden wäre, müßte es möglich sein, daß eine unbegrenzte Zahl von Menschen eine unbegrenzte Vermehrung ihres Geldes erreichen können, ohne daß jemandem Nachteile erwachsen. Dieses Experiment hat schon Goethe als Warnung im „Faust" ausgeführt. Denn das Teuflische in der mephistophelischen Erfindung des Geldes liegt gerade darin, daß alle Menschen in die Versuchung geführt werden, vom Geld zu leben – also von der Leistung anderer. So ist bald keiner mehr da, der Waren erzeugt oder Leistungen erbringt, die die Geldbesitzer erwerben müssen, um überhaupt leben zu können. Mephisto füllt alle Taschen mit Geldscheinen – mit Ansprüchen auf die Leistungen anderer – und läßt dadurch alle mit leerem Magen stehen, weil keiner mehr das erbringt, was zum Sattwerden nötig ist. Das entspricht in der Gegenwart den Millionen von Menschen, die ihr Geld ausschließlich mit Aktiengeschäften verdienen.

Begabungen kommen allen zugute

Ich unterstütze die Begabung eines anderen am besten, wenn ich ihm sage: „Weil du diese Begabung hast, weißt du besser, wieviel Geld du dafür brauchst und wie du es am besten verwendest. Schau, ich habe dieses Geld nicht nötig, sonst würde ich es dir nicht geben können. Ich kann nicht einmal sagen, daß es mein Geld ist, denn ich habe es auch irgendwann von anderen erhalten. Ich schenke es dir. Mach damit, was du willst, es ist deins, für mich wäre es nur Ballast."

Es gibt etwas Besseres, etwas wirtschaftlich Sinnvolleres als bloß Leihen: Wir können das Geld, das wir jetzt nicht ausgeben können, einfach verschenken. Wir erhalten dann vom anderen etwas Besseres als nur das Geld zurück, nämlich das Einsetzen seiner Fähigkeiten zum Wohl aller, also auch zu unserem Vorteil. Weil wir zur Zeit eine Form der Wirtschaft haben, in der wir zu wenig Schaffensfreude erleben, verleihen wir zu viel und verschenken zu wenig. Wir möchten vor allem unser Geld zurückhaben, weil wir mehr Angst als Vertrauen haben. Die gewinnbringendste Art der Rückzahlung besteht aber darin, daß ich eine Förderung meiner Begabungen durch die von meiner Geldschenkung ermöglichte Tätigkeit des anderen erfahre. Daß ich mich durch das Wirken der Begabung des anderen gefördert fühle, ist noch viel besser als von ihm nur mein Geld zurück zu bekommen. Das Geld an und für sich kann ich nicht genießen, die Begabung des anderen aber voll und ganz. Ihre Wirkung erlebe ich unmittelbar in mir.

Wenn ich einer Musikerin für ein Konzert Geld gebe, ist das nicht in Wirklichkeit eine Schenkung? Ich unterstütze ihr Talent, damit sie es weiter pflege und die Menschen weiterhin damit beglücke. Ihre Begabung kommt mir im Erleben des Konzerts unmittelbar zugute. Mein Geld allein kann das nicht tun, deswegen gebe ich es ihr lieber. Jede Künstlerin weiß, wieviel Geld sie braucht, um ihr Talent im besten Sinne den anderen zugute kommen zu lassen. Indem ich ihr Geld gebe, bezahle ich in Wirklichkeit nicht eine Eintrittskarte zu einem Konzert, sondern ich beschenke eine Künstlerin. Wer für das Konzert nur bezahlen will, möchte so wenig Geld wie möglich herausrücken. Wer hingegen einen Künstler, den er hoch schätzt, gerne beschenkt, der wird den Drang spüren, ihm so viel zu geben wie er nur kann. Dies macht sowohl in der inneren Einstellung als auch in der Auswirkung auf die Wirtschaft einen großen Unterschied. Erst eine Haltung der Wertschätzung jeder Begabung gegenüber kann die Schaffensfreude in allen Menschen fördern. Dies wäre für alle der größte Gewinn, auch wirtschaftlich! Und künstlerische Begabungen sind überall zu finden, weil jeder Mensch sie hat.

Von einem Arzt wird berichtet, daß er einen steinreichen Mann in letzter Sekunde vor dem Erstickungstod rettete. In seiner Kehle steckte eine Fischgräte. Der Arzt schnitt ihm in die Kehle und entfernte die Fischgräte. Da fragte ihn der Mann: „Herr Doktor, wie viel soll ich Ihnen geben?" Er wollte seinen Retter entsprechend bezahlen. Aber auf die Antwort war er sicherlich nicht gefaßt. Sie lautete: „Geben Sie mir ruhig nur die Hälfte von dem, was Sie bereit waren, mir zu geben, als die Gräte noch in ihrem Hals steckte." Da wußte der reiche Mann plötzlich, was die Begabung des anderen für ihn selbst wert war!

Die Armut der Fixierung auf Geld und materiellen Wohlstand läuft darauf hinaus, daß wir zu viel Geld besitzen, unsere eigenen Begabungen zu wenig auskosten und infolgedessen die Fähigkeiten der anderen zu wenig unterstützen. Es werden in der heutigen Wirtschaft bei weitem nicht genug Talente entdeckt und gefördert. Es werden sogar viele künstlerische Begabungen verschüttet. Den Fähigkeiten wird zu wenig Vertrauen, zu wenig Kredit geschenkt, weil wir meinen, daß der Geldgewinn uns mehr wert sei als der Kulturgenuß. Wir glauben, daß Geldscheine uns eine verläßlichere, beglückendere Grundlage für das Leben geben können, als die Talente der Menschen.

Bedürfnis und Begabung

Wenn die Menschen von Natur aus ausschließlich nach der Befriedigung der körperlichen Bedürfnisse streben würden, so würden sie umso glücklicher sein, je mehr von solchen Bedürfnissen sie befriedigen könnten. Und wenn jemand alle seine Wünsche erfüllen könnte, müßte er innere Erfüllung erleben und vollkommen glücklich sein.

Die Erfahrung lehrt uns aber, daß es nicht so ist. Erstens ist es für jeden Menschen ganz unmöglich, alle seine Wünsche zu befriedigen, weil es keine Grenze der realen, möglichen oder eingebildeten Bedürfnisse geben kann. Zweitens stimmt es nicht, daß je mehr Bedürfnisse der Mensch befriedigt, desto weniger unbefriedigte bleiben. Ganz im Gegenteil: Je mehr er befriedigt, desto mehr neue kommen auf, die ihn wieder unbefriedigt machen. Wir können sogar sagen: Die Eigendynamik der Begierden liegt gerade in ihrer Unbegrenztheit und somit in ihrer Unersättlichkeit. Dasselbe gilt für das Geld. Wir sind weit davon entfernt, umso zufriedener zu werden, je mehr Geld wir besitzen: Je mehr wir davon haben, desto mehr möchten wir haben, desto unbefriedigter sind wir. Nur selten gibt es Menschen, die irgendwann sagen: „Jetzt ist aber Schluß mit der Vermehrung meines Geldes, jetzt habe ich wirklich genug."

Was folgt daraus? Der Sozialdarwinismus irrt, wenn er den Menschen einem höheren Tier gleichsetzt. Denn beim Tier ist es gerade umgekehrt wie beim Menschen. Das Tier kennt nur natürliche, das heißt, real erlebte Bedürfnisse, die jeweils begrenzt sind. Es findet seine Erfüllung in ihrer Befriedigung. Seine Begierden lassen sich nicht durch die Vorstellungskraft ins Unbegrenzte steigern, und die prinzipielle Unersättlichkeit kann bei ihm gar nicht aufkommen. Das Tier ist also in dem Maße zufrieden, in dem es jeweils seine real aufkommenden Bedürfnisse befriedigen kann, und diese Befriedigung ist von Natur aus möglich.

Beim Menschen gilt das genaue Gegenteil: Die bloße Befriedigung aller seiner Wünsche kann ihn aus dem Grunde nicht erfüllen, weil sie gar nicht möglich ist, da er kraft seiner Einbildung seine Begierdenhaftigkeit ins Unendliche steigern kann. Bedeutet dies, daß der Mensch nie glücklich sein kann, sich nie zufrieden geben oder sich erfüllt fühlen kann? Nein, auch Menschen können echte Erfüllung erleben. Und wenn nicht durch Befriedigung von Bedürfnissen, dann eben durch das Entgegengesetzte, was die Tiere nicht können, nämlich durch die Entfaltung ihrer Begabungen.

Den Gegensatz zwischen Bedürfnis und Begabung voll ins Bewußtsein zu holen, gehört meines Erachtens zu den wichtigsten Aufgaben nicht nur der Psychologie, sondern auch der Wirtschaft. Unser Umgang mit dem Geld kann umso besser durchschaut werden, je mehr wir uns das Spannungsverhältnis zwischen Bedürfnissen und Begabungen bewußt machen. Dies wird durch die Tatsache erschwert, daß der gewaltige Unterschied zwischen Begabung und Bedürfnis, diese bedeutungsvolle Polarität des Lebens, sich in der heutigen Menschheit fast völlig verwischt hat. (Ich gebrauche im folgenden das Wort Bedürfnis für all das, was sich auf körperliche Notwendigkeiten bezieht. Das Wort Begabung beziehe ich auf all das, was mit dem Menschen als Schöpfer zu tun hat.)

Wenn ich ein Bedürfnis habe, brauche ich etwas für mich, es fehlt mir etwas, und ich erlebe mich als abhängig, weil ich etwas brauche, was nur mit Hilfe von außen erlangt werden kann. Beim Ausüben einer Begabung ist es umgekehrt: Da brauche ich gar nichts für mich, ich bin auch nicht von anderen abhängig, ich habe vielmehr etwas für die anderen übrig. Für die Erfüllung meiner Wünsche bin ich auf die Außenwelt angewiesen. Das Gegenteil erlebe ich in der Freude am Schaffen: Da schöpfe ich aus der Fülle meines eigenen Wesens. Diese Erfahrung der Überfülle, die Erfahrung, freudig andere zu beschenken, macht uns glücklich, gerade weil wir dabei nicht bedürftig sind, weil wir dabei keine Not oder Abhängigkeit erleben. Da erlebt der Mensch nicht die Bedingtheiten seiner Natur, sondern er erlebt sich als schöpferischer, unerschöpflicher Geist. Dieses Einsetzen der besten Kräfte im Dienst der anderen kann nur aus innerer Freiheit heraus geschehen, es ist reine Liebe zum Handeln. Und diese Liebe ist das reinste Glück, weil sie nicht noch etwas anderes, Höheres bezweckt, sondern Selbstzweck ist. Sie ist zugleich Selbstverwirklichung und Dienst am anderen. Jeder echte Schöpfer fördert sich und die Welt gleichermaßen. Glücklicher als in diesem Zustand kann der Mensch niemals sein.

Umgekehrt ist es beim Bedürfnis: Wenn ich ein Bedürfnis erlebe, bin ich nicht frei, zumindest nicht ganz frei. Wenn ich hungrig bin, muß ich etwas essen, da habe ich keine Freiheit. Aber auch wenn ich Kummer habe und den Drang spüre, ihn mit jemandem zu teilen, der mich versteht, bin ich auf einen solchen Freund angewiesen. Ich verlange nach etwas und bin darin von einem anderen abhängig. Oder wenn ich etwas mache und Anerkennung brauche, bin ich auch nicht ganz frei, ich muß es so machen, daß die anderen sagen: „Das hast du gut gemacht." Ich bin vom Urteil, vom Geschmack, von den Erwartungen der anderen abhängig. So könnten wir unendliche Beispiele anführen, wo der Mensch den – wenn auch leisen – Druck des „ich muß" oder mindestens des „ich soll" erlebt. Er sagt sich: „Wenn ich dieses haben will, dann muß ich jenes tun." Ein Bedürfnis ist also jedes Erlebnis, in dem sich der Mensch nicht ganz frei, nicht ganz unabhängig fühlt.

Im Erleben seiner Fähigkeiten fühlt sich der Mensch hingegen ganz frei. Bei den Begabungen wird die Sache schwieriger, gerade weil wir heute fast nur Bedürfnisse erleben. Selbst die Bereiche, in denen wir uns völlig frei fühlen könnten, werden in der heutigen, in vieler Hinsicht „verrückten" Welt, vielfach unter den Zwang des Müssens oder des Sollens gestellt. Wenn man zum Beispiel ein Maler ist, sollte das Erschaffen eines Bildes die reinste Wonne sein. Aber siehe da, nicht wenige Künstler arbeiten heute nur, um Geld zu verdienen. Was sie tun und wie sie es tun, hängt davon ab, wieviel Geld sie dafür bekommen. Selbst die künstlerische Tätigkeit, die reiner Selbstzweck sein sollte, wird zu einem Mittel gemacht. Die Begabung wird so zu einem Bedürfnis degradiert, wird als Bedürfnis erlebt.

Ähnliches gilt für den Sport. Es liegt in der Natur des Spielens, daß der Mensch sich beim Spielen als begabt erlebt, in keinerlei Hinsicht als bedürftig. Und sich rein als begabt erleben, bedeutet, sich in diesem Erleben vollkommen glücklich fühlen. Statt dessen ist aus dem Spiel mehr und mehr ein Krieg geworden: Man betreibt Sport nicht um der Freude am Spielen willen, sondern um zu siegen. So ist das Spiel vom Selbstzweck zum Mittel für den Sieg degradiert worden. Nicht im Spielen selbst sucht man sein Glück, sondern erst im darauffolgenden Erfolg, im Sieg.

Diese Jagd nach einem Glück, das nie in der Gegenwart erlebt wird, sondern erst in dem, was auf sie folgt, ist das Wesen dessen, was ich Bedürfnis oder Bedürftigkeit genannt habe. Es ist das Erleben einer Unersättlichkeit, die niemals satt werden kann, weil ihre Sättigung prinzipiell auf die Zukunft vertagt wird. Kinder wissen es oft besser: Wenn sie spielen, macht sie das Spiel restlos glücklich. Wenn dagegen Erwachsene Fußball spielen, muß die Hälfte von ihnen „geschlagen" werden mit der Folge, daß die andere Hälfte sich am Ende nicht weniger erschlagen fühlt.

Wenn der Mensch nur für Geld arbeitet, steht nicht seine Begabung im Vordergrund, sondern das Bedürfnis. Er schafft nicht aus Freude, sondern um Geld zu erwerben. Heutzutage wird fast alles unter dem inneren Druck der Bedürftigkeit getan, und fast nichts in der Beschwingtheit eines eingebungsvollen Schöpfers, der sich in seinem Wesen überreich fühlt – nicht bedürftig – und aus der Überfülle seiner Schöpferkraft die ganze Welt beschenkt.

Jeder Mensch ist in vielerlei Hinsicht ein Künstler, jeder trägt unendliche Fähigkeiten in sich, jeder kann unzählige Dinge schöpferisch gestalten, ohne Nachahmung, nur durch eigene Erfindungsgabe. Die Fixierung auf das Geldverdienen verdirbt uns das Leben, weil wir unsere Begabungen so erleben, als ob sie Bedürfnisse wären. Was wir auch tun, wir fragen immer: „Was habe ich davon? Wieviel verdiene ich damit?" Wir tun fast alles um anderer Zwecke oder Ziele willen, ohne zu bemerken, daß dies das Wesen der Unfreiheit ist: Etwas zu tun, was man nicht will, um etwas anderes zu erreichen, das man will.

Der Säufer macht es nicht anders: Er trinkt, aber nicht das Trinken ist es, was er will, sondern der darauffolgende Rausch.

Dieses Erlebnis will er. Wenn er den Rausch haben könnte, ohne zu trinken, wäre er froh, denn dann bräuchte er für das Trinken nicht mehr zu bezahlen. Das von ihm gesuchte Glück liegt also nicht im Trinken selbst, sondern in dem, was erst danach folgt, im Rausch. Viele Menschen sind heute unglücklich, weil sie nicht in der Gegenwart, im Schaffen selbst, in der Liebe zum Handeln, Freiheit und Glück erleben, sondern erst in der „Belohnung", die danach folgen soll, ihr Glück suchen. Diese Tendenz hat der Genius der Sprache auch in dem Wort „Erfolg" bewahrt: Erfolg ist das, was erst danach folgt, was niemals in der Gegenwart erlebt wird.

Wer für Geld arbeitet, arbeitet nicht unmittelbar für das, was er will, denn er will eigentlich die Dinge oder die Erlebnisse, die erst mittels des Geldes erworben oder erlebt werden sollen. Die Werbung appelliert lediglich an die Bedürfnisse der Menschen und setzt das Dogma des Materialismus voraus, daß das Glück des Lebens in der Befriedigung möglichst vieler Bedürfnisse besteht. Diese werden – ob real erlebt oder eingebildet – ins Grenzenlose gesteigert. Und der Mensch fühlt sich wie ein Sack, vollgestopft mit Bedürfnissen oder Begierden, auf der Jagd nach einem Glück, das das Geld erst irgendwann später ermöglichen soll. Er denkt: Wenn man viel Geld hat, folgt dann irgendwann das Glück von selbst, da hat man dann Erfolg im Leben, da wird man erfolg-reich. Die oberste Maxime des Lebens lautet also für viele: „Erst das Geld! Das Glück wird dann irgendwann schon folgen!"

Wenn ein Mensch sich als Schöpfer erlebt, zum Beispiel eine sehr gefragte Köchin, von der die Leute sagen: „Sie kocht göttlich!", oder ein talentierter Friseur, ein einfühlsamer Vater, eine kompetente Pilotin, ein genialer Lehrer – dann geht es beim Schaffen nicht mehr um die Befriedigung von Bedürfnissen, weil dabei gar keine entstehen. Weit davon entfernt, bedürftig zu sein, ist ein solcher Mensch im Gegenteil sehr reich, überreich! Die reine Liebe zum Handeln, die Freude am Schaffen ist der höchste Reichtum des Menschen. Kein Geld der Welt kann ein solches Glück bezahlen oder kaufen.

8. Der abstrakte Geist und die Geldspekulation

Sie sprechen immer wieder von Abstraktion. Was genau meinen Sie damit?

Vielleicht habe ich viel zu abstrakt über Abstraktion gesprochen! Am besten betrachten wir ein paar konkrete Beispiele. Ist ein Mensch, der 300 Meter von mir entfernt ist, genauso groß als wenn er neben mir stünde? Oder ist er in Wirklichkeit wesentlich kleiner?

In der Wahrnehmung ist er kleiner.

Und was sagt das abstrakte Denken dazu?

Es sagt, das stimmt nicht, er ist genauso groß! Wenn ich eine Allee betrachte, wird der Abstand zwischen den Bäumen ja auch nicht geringer, je weiter sie sich von mir entfernen. Es ist nur eine perspektivische Täuschung.

Also, wir meinen, die Wahrnehmung täuscht uns, denn in Wirklichkeit ist der Mensch in der Ferne genauso groß, als wenn er neben uns stünde. Da haben wir also zwei entgegengesetzte Antworten: Die Sinneswahrnehmung sagt, er ist viel kleiner. Meine Vorstellung sagt, nein, er ist genauso groß. Was erlebe ich nun als überzeugendere Wirklichkeit: meine Vorstellung, wie groß der Mensch wäre, wenn er hier stünde, oder die Art und Weise, wie die jetzige Wahrnehmung auf mich wirkt? Was ist realer für mich, das Erlebnis der Ferne oder die Vorstellung der Nähe? Oder, anders gefragt: Erlebe ich die Ferne oder die Nähe, wenn er fern ist? Ich muß zugeben: Das reale Erlebnis ist das der Ferne, seine Nähe stelle ich mir nur vor, ich erlebe sie nicht. Real ist in mir das Erlebnis der Ferne.

Und ich muß weiterhin zugeben: Mein Erlebnis ist in mir eine Stufe wirksamer als die bloße Vorstellung. Die Einwirkung des Erlebnisses auf mich ist stärker als die meiner Vorstellung. Und die Einwirkung meiner Wahrnehmung ist sehr gering, wenn jemand 300 Meter entfernt ist. Ich kann vielleicht nicht einmal erkennen, wer er ist. Ich weiß nicht, ob er heiter oder traurig ist. Er ruft kaum eine Reaktion in mir hervor, und so ist er in der Wirklichkeit meines Erlebens ganz klein.

Jetzt kommt er näher, jetzt sehe ich, daß es mein bester Freund ist, ich sehe, er weint, er kommt mir nahe genug, daß ich von ihm hören kann, warum er weint. In meinem Erleben, in der Wirklichkeit dessen, was ich innerlich durchlebe, in der Einwirkung seines Wesens auf mich, ist er jetzt wesentlich größer und wirksamer geworden. Wenn jemand mir „zu nahe" tritt, kann er sogar so groß für mich werden, daß ich es nicht mehr aushalte – es sei denn, ich sehe in ihm meinen Nächsten.

Goethe traf den Nagel auf den Kopf, als er den lapidaren Satz prägte: „Die Sinne trügen nicht, das Urteil trügt." Was sagt das Auge in unserem Fall? Daß ein Mensch in 300 Metern Entfernung genauso groß ist, als wenn er hier stünde? Nein, das Auge sagt mir: Sieh dir das genau an, er ist doch offensichtlich viel kleiner, wenn er weiter weg ist. Die Sinne trügen nicht. Was sagt mir aber das Urteil? Es sagt: Nein, er ist genauso groß. Und dieses Urteil ist trügerisch, weil es vom real Erlebten absieht und es ignoriert.

Oder nehmen wir das kopernikanische Weltsystem. Die kopernikanische Weltanschauung ist durch und durch abstrakt. Wovon wird da abstrahiert oder abgesehen? Von der Tatsache, daß wir auf der Erde stehen. Da wird gesagt: Stellen wir uns vor, wir wären auf der Sonne. Wenn wir auf der Sonne wären und uns vom Blickpunkt der Sonne aus alles anschauen würden, worum würden sich alle Planeten, alle Gestirne bewegen? Um die Sonne. Wenn wir auf dem Mars wären, worum würden wir alle Gestirne sich bewegen sehen? Um den Mars! Man braucht sich nur in der Vorstellung, in der Phantasie auf den Mars zu versetzen, dann sieht man alles sich um den Mars herum bewegen. Für einen richtigen Marsbewohner dreht sich selbstverständlich alles um den Mars.

Aber fragen wir uns jetzt ganz ehrlich: Sind wir wirklich auf der Sonne? Was sagt das Auge, von dem Goethe behauptet, daß es nicht trügt? Sehen wir wirklich mit unseren Augen, wie alles sich um die Sonne herum dreht? Die Antwort ist: Wir sind nicht auf der Sonne, wir sehen nicht alle Planeten vom Sonnenstandpunkt aus, aber durch die Abstraktion können wir uns vorstellen, daß wir auf der Sonne wären und sähen, wie sich alles um die Sonne herum dreht. Durch die Abstraktion kann sich also der Mensch von der Wirklichkeit seines Erlebens frei machen. Nur – womit haben wir diese innere Freiheit erkaufen müssen? Mit dem Verlust der Wirklichkeit! Das abstrakte Denken ist gerade deshalb entstanden, um uns von der Wirklichkeit zu befreien. Wenn wir zu ihr zurückfinden wollen, müssen wir die Abstraktion Abstraktion sein lassen.

Das Geld, der abstrakte Stellvertreter aller Dinge, hat uns die wirtschaftliche Freiheit gebracht. Die Fähigkeit, abstrakt zu denken, hat uns die geistige Freiheit gebracht. Wir werden in unserem Geist vollständig von der Wirklichkeit befreit, um ihr gegenüber ganz nach unseren Vorstellungen eine Stellung beziehen zu können.

Positiv an der Abstraktion scheint mir auch, daß man eine Gefahr besser einschätzen kann. Sehe ich einen Löwen in 300 Meter Entfernung und weiß: „Der ist groß!", dann kann ich noch rechtzeitig Reißaus nehmen.

Und das kann ich nur, weil die Wirklichkeit des großen Löwen mich noch nicht gepackt hat, weil er noch weit entfernt ist. Es genügt auch nicht, daß ich bloß in meiner Vorstellung Reißaus nehme, um für den Löwen klein und unbedeutend zu werden. Ich muß schon in Wirklichkeit weglaufen, wenn ich für ihn uninteressant werden will.

Welche Weltanschauung ist also korrekter oder besser, die ptolemäische oder die kopernikanische? Beide haben gleichermaßen ihre Berechtigung. Die eine bevorzugt das Auge, das reale Erleben, die andere die Vorstellung, die innere Freiheit. Und wir können abwechselnd in beiden Welten leben, in der Welt der Freiheit und in der Welt der Wirklichkeit. Ist das nicht besser als nur in einer Welt leben zu können?

Die Abstraktion bietet uns eine Möglichkeit, die Gemeinsamkeiten von Geist und Geld zu veranschaulichen. Der moderne Geist lebt in der Abstraktion, einer Vorstellungswelt, die in ihrer Bildhaftigkeit völlige Freiheit läßt. Die Abstraktion im Umgang mit Geld wird „Spekulation" genannt, was nur ein anderes Wort für Abstraktion ist. Es handelt sich also immer um denselben Geist, der gedanklich abstrahiert oder finanziell spekuliert! Denn das Geld ist nicht weniger abstrakt als unsere Vorstellungen, der Geldschein besitzt nur eine Schein-wirklichkeit. Er macht alle Dinge gleich, weil er von ihrer realen Unterschiedlichkeit völlig absieht. Welche Vorstellungen werden in mir erweckt, wenn ich einen Hundertmarkschein in der Hand halte? Ich stelle mir vor, was ich alles damit kaufen könnte. Aber alles ist nur vorgestellt, es ist nur in der Abstraktion vorhanden, denn in der Hand – für die Wahrnehmung des Auges – habe ich nur den Schein, ein Stück Papier.

Weil das Weltkapital sich heute schon weitgehend von der Realwirtschaft abstrahiert hat, weil der Bezug auf den wertebildenden Prozeß immer weniger vorhanden ist, kann man mit Geld nur noch spekulieren, nur noch ganz abstrakt darüber nachdenken, was man damit machen könnte. Nur wird an den Börsen nicht mit einem Hundertmarkschein spekuliert, sondern mit Hunderten von Milliarden in einer einzigen Minute. Auf diese Weise entsteht eine zweite Stufe der Spekulation, wo der eine Geldspekulant darüber spekuliert, welche Entscheidungen der andere aufgrund seiner Spekulation über eine andere Spekulation treffen könnte; Entscheidungen, die wiederum eine Lawine von Spekulationen der einen über die Spekulationen der anderen in Gang setzen. Und nach diesen Spekulationen wird gehandelt, es werden Milliardenbeträge abgezogen und andernorts investiert.

Wer meint, daß das Spiel an den Börsen ihn kaum etwas angeht, braucht sich nur eine andere Seite der Geldspekulation anzuschauen, die uns alle betrifft. Die Geldberge an der Börse können nur von den einzelnen Bürgern erzeugt und vergrößert werden. Wenn wir Geld sparen, anlegen oder verleihen, was machen wir? Wir spekulieren! Wir abstrahieren von der Gegenwart, wir sehen von ihr ab, weil wir das Geld jetzt weder nötig haben noch ausgeben wollen, und in der reinen Vorstellung einer möglichen Zukunft spekulieren wir darüber, was wir uns alles eines Tages werden leisten können – oder was uns Schlimmes passieren könnte, wofür wir das Geld dann brauchen. Und so geben wir, die kleinen Spekulanten, unser

Geld den großen Spekulanten, um unsere eigenen Spekulationen, unsere abstrakten Wünsche, zu verwirklichen.

Ich kann das wirklich nicht nachvollziehen, was Sie da behaupten. Wie sollen denn zum Beispiel meine 2600 Mark vom Sparbuch in die Hand eines Großspekulanten gelangen?

Sie geben Ihre 2600 Mark einer Bank. Bei der Bank nimmt ein Großspekulant dann einen Kredit von drei Milliarden auf – darin sind viele Kleinsparer-Guthaben enthalten – und kauft damit die Firma auf, in der Sie arbeiten. Dieser Spekulant ist wiederum Hauptaktionär eines Konzerns, dessen Produktabsatz durch Ihre Firma gefährdet ist, denn diese liefert die gleichen Produkte wie der Konzern, doch in einer erheblich besseren Qualität und das bei gleichen Verkaufspreisen! Der Spekulant schafft es, Ihre Firma zu Grunde zu richten, und Sie und Ihre Kollegen werden arbeitslos. Jetzt erzielt der Spekulant mit seinem Konzern so hohe Umsatzsteigerungen, daß er einen kleinen Teil seines Gewinns in Form von Zinsen der Bank zurückgibt, so daß diese den Kleinsparern die versprochenen Zinsen weitergeben kann. Dieses Beispiel zeigt: Es sind erst die vielen Kleinsparer, die eine solche zerstörerische Großspekulation ermöglichen. Gerade weil die Geldmächtigen soviel Gewinn machen, kann die erwähnte Bank den Kleinsparern davon einige Brosamen abgeben, um sicherzustellen, daß sie dieses Spiel weiter betreiben. Nur sieht in diesem Beispiel der erwähnte Kleinsparer nicht, daß er die Brosamen mit seinem Job bezahlt hat. Es ist wie mit dem Bauern, der Heu sparen wollte und den Esel dabei verloren hat.

Oder ein noch einfacheres Beispiel: Die NATO beschließt, Serbien zu bombardieren. Dabei wird vieles zerstört, was dann wiederaufgebaut werden muß. Wer wird das nötige Geld dafür hergeben? Wer die Macht hat, entscheidet auch, wer bezahlt. Auch Deutschland gehört zu den Zahlern, und es kann nicht dem Mächtigeren sagen: Ich will nicht bezahlen. Das wäre wie der Fuchs, der dem Löwen einen Gefallen verweigert. Also gibt Deutschland die Milliarden her, und die Frage ist dann: Wo kommt dieses Geld her? Sagen Sie jetzt nicht, daß es von den Geldinstituten oder vom Staat kommt, denn die kriegen es auch nicht vom Himmel geschenkt. Von den Bürgern kommt das Geld, von jedem einzelnen Menschen, der sein Geld spart. Damit will ich mich nicht gegen jede Form des Sparens wenden. Es geht darum, sich bewußt zu machen, wo das ganz große Geld herkommt: Es kommt von den vielen ganz kleinen Sparern. Und der Grund liegt darin, daß wir zu viel von unserem Geld für die Zukunft aufbewahren, statt es in der Gegenwart auszugeben.

Unsere Zukunft ist aber wie der Mensch in der Ferne: Sie ist noch nicht da, wir stellen sie uns bloß als Möglichkeit vor. In unserer Vorstellung wird beim Sparen die Zukunft genauso wichtig wie die Gegenwart, aber diese Vorstellung täuscht uns. Die Sorge um die Zukunft darf nie so groß werden wie die Sorge um die Gegenwart, so wie der Mensch in der Ferne nie so groß sein kann wie der in der Nähe. Wenn wir das nicht beachten, wird nicht unsere Zukunft höher geschätzt, sondern nur die Gegenwart unterschätzt. Statt für eine bessere Zukunft zu sorgen, verderben wir uns die Gegenwart und damit auch die Zukunft.

Der widerrechtliche Fürst dieser Welt

Geld ist der Stellvertreter für alle Waren und Dienstleistungen, die wir für ein erfülltes Leben in Anspruch nehmen. Um den Dingen gerecht zu werden, müßte das Geld sie getreu repräsentieren, und ihnen also in dem Sinne gerecht werden, daß es für sie einträte und sich in ihren Dienst stellte – und dadurch in den Dienst der Menschen. Kurz: Das Geld dürfte keine Macht über die Dinge entfalten, für die es steht und denen es dienen soll.

Was ist nun die Grundeigenschaft aller Dinge und Leistungen, für die das Geld steht? Sie liegt in der Tatsache, daß sie alle ohne Ausnahme im Laufe der Zeit an Wert verlieren – bis sie früher oder später beim Wert Null ankommen. Das gilt vom Brot, das ich heute kaufe und das in einigen Tagen schimmelig wird, bis zum kostbarsten Edelstein, der auch nach einigen Jahrtausenden nicht mehr existieren wird. Die Zeit verbraucht unerbittlich alle Dinge.

Was ist aber mit dem Geld, das die Natur der Dinge treu widerspiegeln sollte? Es wird von uns – gegen seine und aller Dinge Natur – dazu gezwungen, mit dem Vergehen der Zeit möglichst an Wert zu gewinnen! Gerade darin liegt seine Ungerechtigkeit allen Dingen gegenüber, die es repräsentieren soll. Sie alle verlieren im Laufe der Zeit an Wert, aber das Geld gewinnt an Wert. Dies verleiht dem Geld eine ungeheure Macht. Statt einen Vorteil darin zu sehen, so oft wie möglich Geld auszugeben und es damit für uns selbst zu entwerten, stellen wir uns vor, daß es besser sei, so wenig Geld wie möglich zu verbrauchen und so viel wie möglich zu sparen. Von einem reinen Mittel wird das Geld auf diese Weise zum Zweck gemacht. Es wird vom Diener zum Herrscher, mit einem biblischen Begriff, zum „widerrechtlichen Fürsten dieser Welt".

Geld verdienen ist für viele Menschen zum Ziel ihres Lebens geworden. In den USA haben angeblich bereits sieben

Millionen Menschen ihren Job einfach verlassen, um zu Hause vor dem Computer zu hocken und im Internet Börsenspiele zu betreiben, um ihr Kapital zu vermehren. Der Sinn des Lebens liegt für diese Menschen nicht mehr in der Freude, ihre Fähigkeiten für sich und andere einzusetzen, sondern im Bestreben, möglichst viel Geld zu machen.

Kann man das so pauschal sagen? Ich kann mir vorstellen, daß manche ihren Job gerade deswegen aufgegeben haben, um ihre Fähigkeiten besser einzubringen, zum Beispiel im Rahmen einer Tätigkeit, mit der sie sich ihren Lebensunterhalt nicht verdienen können. Börsenspiele können auch mit wenig Zeitaufwand durchgeführt werden.

Das ist gewiß für manche der Fall. Geld verdienen muß nicht für alle oberste Priorität sein. Nur bleibt die Tatsache bestehen, daß bei einer schnelleren Möglichkeit, zu Geld zu kommen, die alte Arbeit einfach fallengelassen wird. Dies zeigt, daß die wichtigste Motivation für die Arbeit das Geld war.

Die kulturelle Bewegung, die das Geld vom Diener zum Herrscher gemacht hat, hat aber in Wirklichkeit nicht erreicht, daß das Geld an Wert gewonnen hat, sondern sie hat erreicht, daß alle Dinge in der Wertschätzung der Menschen beträchtlich an Wert verloren haben. Daran gewöhnt, das Geld über alles zu schätzen, können wir uns nicht mehr daran freuen, mit dem Geld so viele Dinge wie nur möglich für unsere Weiterentwicklung in Anspruch zu nehmen. Wir bilden uns statt dessen ein, diesen Geldbesitz mehr als alles andere zu genießen.

Die Folge ist, daß unsere Wirtschaft auf Geiz basiert. Natürlich wird dieses Kind nicht beim Namen genannt – das wäre ja peinlich. Man hat also auch hier ein beschönigendes Wort erfunden und redet vom „Sparen". Auch die Schwierigkeiten, die viele mit dem Annehmen von Geld haben, sind nicht zu unterschätzen. Man will nicht in Abhängigkeit geraten, man will nicht zeigen, daß man Geld braucht, und so sagt man lieber: „Nein danke, dafür möchte ich nicht bezahlt werden, ich habe es wirklich nicht um des Geldes willen getan."

Wer nimmt mir bitte mein Geld ab?

Wenn es stimmt, daß wir alle viel besser dran wären, wenn es nicht mehr Geld geben würde, als in der Realwirtschaft verwendet oder in Umlauf gebracht werden könnte, gibt es dann vielleicht ein Mittel, das eine wahre Lust am schnellen Weitergeben des Geldes bewirken könnte?

Moralische Empfehlungen wie „Du sollst aus reiner Nächstenliebe dein Geld so schnell wie möglich ausgeben oder verschenken" bringen nicht viel. Sonst wäre in dieser Richtung schon längst etwas geschehen, denn Ermahnungen zur Nächstenliebe oder auch Kants Kategorischer Imperativ sind schon lange genug bekannt. Eine Maßnahme greift nur, wenn jeder einen Vorteil für sich selbst darin erkennen kann. Etwas zu tun, was nur dem anderen einen Vorteil verschafft, ist nicht sinnvoll, denn die Maxime des Gemeinwohls lautet nicht: „Liebe deine Nächsten mehr als dich selbst!", sondern „Liebe deinen Nächsten wie dich selbst!"

In diesem Zusammenhang möchte ich Hans Küngs Buch: „Weltethos für Weltpolitik und Weltwirtschaft" erwähnen. Dort werden viele gute und kluge Ratschläge gegeben, nur hat es eben den Charakter einer Predigt an die Mächtigen in Wirtschaft und Politik. Was aber, wenn diese die Mahnung gar nicht hören wollen? Wenn sie sagen: „Mir ist es ganz recht, die Macht zu haben. Du behauptest zwar, daß das verwerflich ist, aber das ist dein Problem. Es ist dein Problem, daß du die Macht nicht hast und dich dafür entschädigen willst, indem du mir eine Moralpredigt hältst."

Wie kann das Weitergeben des Geldes so offensichtlich vorteilhaft gemacht werden, daß alle es gerne tun? Gibt es vielleicht eine Maßnahme, die bewirkt, daß der Geldbesitz so deutlich zum Nachteil wird, daß es keiner mehr will? Die Antwort heißt: Ja, es gibt ein Wundermittel, das schlagartig in allen Menschen die reinste Lust erzeugen würde, das Geld, das sie jeweils bekommen – und jeder würde ja dadurch mehr Geld bekommen! – so schnell wie möglich wieder loszuwerden. Und dieses Wundermittel funktioniert folgendermaßen: Alles Geld der Welt, in welcher Form auch immer es existiert, verliert am Ende jedes Jahres automatisch so und so viel an Wert! Es wäre eine reine Sache der Vereinbarung, der Gesetzgebung. Machbar ist es, wenn auch die technische Durchführung nicht leicht wäre.

Ich habe einmal einen Geldschein von 140 DM entworfen mit einer Umlaufzeit von 14 Jahren. Ich habe ihn in Farbstreifen geteilt: Jedes Jahr bekommt eine Farbe, so daß das Auge, an die Farbe des Jahres gewöhnt, den Wert des Scheines, für das betreffende Jahr auf der entsprechenden Farbe groß genug aufgedruckt, sofort erkennen kann. In den letzten Wochen jedes Jahres, bevor der Schein schlagartig um 10 DM weniger wert wird, wird die anstehende Entwertung zwischen Käufer und Verkäufer durch einen „Aufschlag" geteilt; und zwar so, daß der Anteil des Besitzers des Scheines von Woche zu Woche umso höher wird, je länger er damit wartet, den Schein auszugeben. Wenn der Schein am Ende des vierzehnten Jahres nichts mehr wert ist, wird er eingesammelt. Entsprechend wird neues Geld gedruckt und in Umlauf gebracht.

Urteilen Sie nicht zu schnell, daß es eine verrückte Idee ist, alles Geld im Laufe der Zeit an Wert verlieren zu lassen. Erstens haben Sie vielleicht noch nie darüber nachgedacht, und zweitens ist so etwas noch nirgendwo konsequent ausprobiert worden. Jede wirtschaftliche Einheit, in der die gleiche Währung im Umlauf ist, könnte diese Währungsform bei sich einführen, ohne auf alle anderen zu warten. Es würde die Produktion, das heißt die Kreativität der beteiligten Menschen in allen Bereichen des Lebens so sehr steigern, daß die ganze Welt ihr Geld gerne dort investieren würde. Das wäre der beste Beweis dafür, daß dort, wo mehr Geld entwertet wird, auch durch die erhöhte Produktivität mehr Geld wieder hereinkommt.

Findet nicht bei jeder Inflation eine solche Entwertung des Geldes statt?

Ja, aber diese Entwertung geschieht nicht durch Vernunft und zum Wohle aller, sondern durch die Willkür des Marktes – zum Vorteil der einen und auf Kosten der anderen. Bei einer Inflation wird eher eine Umschichtung des Reichtums als eine Entwertung des Geldes herbeigeführt. Diese Umschichtung geschieht unter anderem durch die Möglichkeit, einer Inflation durch rechtzeitige Verlegung des Geldes auszuweichen. Dazu ist die Börse da, aber diese Möglichkeit haben nicht alle. Die Währungen, die von der entwertenden Inflation nicht betroffen sind, werden ja entsprechend aufgewertet. Die Entwertung des Geldes, von der wir reden, hätte in der heutigen Weltwirtschaft nur dann Sinn, wenn alles Geld im Laufe der Zeit an Wert verlieren könnte.

Die Herausforderung für eine gesunde Weltwirtschaft besteht darin, daß Einsteins Relativitätstheorie vor allem in Bezug auf Geld ihre Anwendung findet. Wenn ich zwei Hundertmarkscheine habe, und ich den ersten doppelt so lange behalte wie den zweiten, ist ihr wirtschaftlicher Wert nicht gleich. Der erste ist in Wirklichkeit weniger wert als der zweite, weil er zur Lähmung des Geldumlaufs beigetragen hat: Er hat länger oder öfter versäumt, die Begabungen der Menschen zu fördern. Damit ist nicht gesagt, ich hätte das Geld früher ausgeben können oder sollen. Es wird nur eine wirtschaftliche Tatsache festgestellt.

Wir können uns andererseits leicht vorstellen, wer entschieden gegen diese Idee der systematischen Geldentwertung sein würde: Es sind diejenigen, die am meisten Geld besitzen und die durch die Einführung dieser Maßnahme die Macht ihres Geldes verlieren würden. Das ist aber kein Beweis für die Unmöglichkeit dieser Idee. Es beweist nur, daß zur Zeit die Geldmächtigen die Welt regieren.

Sie haben behauptet, daß Geld mit Verfallsdatum noch nie ausprobiert worden ist. Das stimmt aber nicht, zum Beispiel gab es im Mittelalter das Brakteaten-Geld. Weil das Geld verfiel, wurde es schnell noch vor dem Verfallsdatum ausgegeben. Das ist der Grund, warum noch heute in einer berühmten Danziger Kirche ein kostbarer Altarflügel zu bewundern ist, der von der Zunft der Sackträger gespendet worden war. Das habe ich bei Margrit Kennedy in ihrem Buch „Geld ohne Zinsen und Inflation" gelesen. Auch Versuche aus dem 20. Jahrhundert werden dort erwähnt, wo Gemeinden Gutscheine mit Verfallsdatum herausgegeben hatten und dadurch inmitten des sozialen Elends zu so großem wirtschaftlichem Aufschwung gelangten, daß andere Gemeinden mitmachten, was dann in Österreich und in Deutschland dazu führte, daß die Regierungen solche Währungen verboten.

Die Versuche, die Sie erwähnen, gehen alle in die von mir angesprochene Richtung. Darum ist auch Margrit Kennedy von Fachleuten immer wieder als Dilettantin abgestempelt worden, was überhaupt nicht zutrifft. Solche Experimente scheitern aber daran, daß das allgemeingültige Gesetz nicht auf ihrer Seite steht. Ich habe ja gesagt: Eine systematische Entwertung des Geldes ist nur möglich, wenn sie im Gesetz verankert ist. Sie ist nicht möglich, wenn sie nur auf einer Wirtschaftsinsel eingeführt wird, weil wir heutzutage keine Naturalwirtschaft mehr haben. Sie haben ja selber erwähnt, daß der Staat damals die Möglichkeit nutzte, solche Experimente zu verbieten.

In diesem Zusammenhang müssen auch die Wirtschaftsmodelle von Silvio Gesell erwähnt werden, ebenso die Bücher von Helmut Kreuz „Das Geldsyndrom" und von Bernd Senf: „Der Nebel um das Geld". Dort werden ausführlich die Folgen geschildert, die durch unbegrenzte Vermehrung des Zinseszinses entstehen. Helmut Kreuz führt zum Beispiel aus, daß schon in den achtziger Jahren in jeder Mark Mietkosten siebenundsiebzig Pfennig Zins bzw. Zinseszins enthalten waren. In einer Mark Wassergeld waren es siebenundvierzig Pfennig. Besonders erwähnen möchte ich noch das „Schwarzbuch Kapitalismus" von Robert Kurz. Es ist eine Fundgrube von Belegmaterial und schildert die organische Geschichte des Kapitalismus – eines Organismus, der Geburt, Jugend, Reife, Alter und Tod durchmachen muß.

Ich bin überzeugt, daß das ewige Gerangel zwischen Regierungen, Gewerkschaften und Arbeitgebern die Macht des Geldes nicht brechen kann, solange nicht zu drastischen Maßnahmen wie der „Entwertung" des Geldes gegriffen wird. Denn die Macht der größten Geldbesitzer wird gerade von den Millionen Kleinsparern gestärkt, die der Bank oder der Börse ihr Erspartes zur Aufwertung anvertrauen. Wenn diese Menschen wüßten, daß alles Geld am Ende jedes Jahres per Gesetz eine Entwertung erführe, wären bald viele Börsen der Welt leer, und die Reichen würden schnell aufhören, die Armen gerade dadurch immer ärmer zu machen, daß diese aus Angst vor der Armut immer nur noch mehr sparen wollen. Auch die Reichen könnten ihrerseits einen größeren Vorteil davon haben, sie könnten diese Geldentwertung zum Anlaß nehmen, sich auf die wirtschaftliche Wichtigkeit des Einsatzes von Talenten zu besinnen.

9. Die drei Altersstufen des Geldes

Wenn das Geld im Laufe der Zeit an Wert verliert, wird es lebendig, es wird einem Alterungsprozeß unterworfen. Es bekommt wie alle anderen Dinge eine Art Lebenslauf mit Geburt und allmählichem Älterwerden, bis es letztlich beim Wert Null ankommt und „abstirbt". In einem solchen System kann man nicht mehr sagen, Geld ist gleich Geld, sondern dann gibt es Geld und Geld. Es wäre ähnlich wie bei Autos. Es gibt ein nagelneues Auto, es gibt ein Auto mit 50 000 gefahrenen Kilometern und es gibt eine alte Kiste, für deren Verschrottung man sogar noch zahlen muß.

Als Hersteller und Unternehmer – und das sind wir alle in vielerlei Hinsicht – würde jeder lieber „junges", neu eingeführtes Geld haben, Geld, das noch ein langes Leben vor sich hat und ein bestimmtes Projekt viele Jahre lang tragen kann. Für den Verbraucher taugt das alte Geld am besten, das Handels- und Verbrauchskapital, bei dem es weniger auf den Geldwert ankommt, als auf die Waren oder Dienstleistungen, die damit erworben werden können. Kaum ist hier das Geld in eine Hand gelangt, wandert es gleich weiter zur nächsten. Der Zugang zu „jungem" Geld kann unter anderem dadurch erschwert werden, daß der jährliche Wertverlust am Anfang geringer ausfällt als am Ende eines solchen „Geldlebens". Auf diese Weise kann es am besten für unsichere, nicht voraussagbare Investitionen eingesetzt werden.

Zwischen Investitions- und Handelskapital liegt das uns inzwischen gut bekannte Leihkapital. Dieses Geld ist weder besonders jung noch alt und deshalb taugt es weder für die

Produktion noch für den Verbrauch besonders gut. Der Lebenslauf des Geldes zeigt also eine Entwicklung, die sich zur Biogaphie des Menschen umgekehrt verhält: Der Mensch ist in der Mitte seines Lebens wirtschaftlich am produktivsten, das heißt besonders zum Hersteller geeignet. Umgekehrt ist das Geld in seiner Jugend besonders produktiv, um immer wieder Investitionen anzukurbeln, und im Alter besonders dynamisch wegen der Tendenz schnell weitergegeben zu werden, bevor es unbrauchbar wird. Für den Menschen ist wirtschaftlich vorteilhaft, die mittlere produktive Phase zu verlängern, das Geld ist dagegen in seiner Jugend am besten für die Produktionsmittel geeignet – dazu gehören zum Beispiel die Aus- und Fortbildung des Personals eines Unternehmens – und in seinem Alter für den täglichen Gebrauch, für den unmittelbaren Kauf und Verkauf von Waren. In beiden Fällen fungiert das Geld als reines Mittel.

Wie wird das Geld auf diese Weise „lebendig" gemacht? Wir können als Vergleich das Geldmodell heranziehen, das in England galt, bevor man die Bindung an die Goldreserven einführte. Von diesem Zeitpunkt an gewöhnten sich die Menschen daran, den Wert aller Währungen an ihrem Goldwert zu messen. Um das Geld wieder „lebendig" zu machen, muß ein neuer Wertemaßstab eingeführt werden, und zwar anstatt des Goldes die Zeit. Geld kann nicht von der Zeit getrennt gesehen werden, diese Abstraktion ist künstlich. Sie existiert nur in den Vorstellungen der Menschen. In der wirtschaftlichen Wirklichkeit altert das Geld, und je älter es wird – je länger es sich anstaut – desto tiefer werden, bildlich gesprochen, die „Runzeln" der Weltwirtschaft.

Die drei Arten von Geld – junges, mittelaltes, altes – könnte man mit den heute führenden Währungen vergleichen.

So wie man nicht ohne Bedingungen Geld in eine hoch gehandelte Währung eintauschen kann, so können Bedingungen eingeführt werden, um an das wertvolle „junge" Geld zu gelangen. Eine unterschiedliche Behandlung des Geldes nach Alter würde uns unter anderem vor Augen führen, wie anachronistisch nationale Währungen in der Weltwirtschaft geworden sind. Durch den Alterungsprozeß des Geldes wäre es nicht mehr möglich, bestimmte Währungen durch staatliche Maßnahmen zu stützen oder künstlich aufzuwerten. In einer gesunden Weltwirtschaft würde allein das Alter des Geldes seinen Wert ausmachen.

Wenn alles Geld durch das aufgedrückte Verfallsdatum deutlich sichtbar ein Kennzeichen seines Alters trägt, kann ich unmöglich bestimmen, wieviel ein Geldschein wert ist, wenn ich nicht zugleich erkennen kann, welches sein Zeitwert ist. Der reine Nominal- oder Zahlenwert genügt dann nicht mehr. Geld, das erst gerade in Umlauf gebracht worden ist, wird aufgrund seiner Jugend begehrter sein. Mit dem Gold war es nicht anders: Es hat im Laufe der Zeit an Wert gewonnen, nicht weil es sich im Vergleich zu anderen Metallen verändert hätte, sondern weil die Menschen anfingen, es mit anderen Augen zu sehen und höher zu schätzen. Ein Diamant in der Krone von England ist mehr wert als gewöhnliche Diamanten, aber einzig und allein deshalb, weil die Menschen anders auf diese Krone schauen. Das Ansehen entscheidet den Wert.

Der Zeitfaktor ist doch schon längst eingeführt worden. „Time is money" ist schon eine altbekannte Devise der Wirtschaft.

Ja, aber die Bindung an die Zeit ist in einem verkehrten Sinne erfolgt: Je mehr Zeit vergeht, desto mehr steigert sich der

Wert des Geldes. Bei meiner Idee geht es um das genaue Gegenteil: Je mehr Zeit vergeht, desto weniger Wert soll das Geld behalten. Denn die Zeit entwertet alle Dinge, für die das Geld steht.

Weil aber das heutige Weltkapital sich immer weiter vermehren will, werden die Berge von Geld immer höher und der Geldstau immer bedrohlicher. Wenn alles Geld dagegen eine Geburt, ein Altern, ein Sterben – und eine Wiedergeburt – erleben könnte, würde es nicht nur „lebendig", auch das ganze Wirtschaftsleben würde gewaltig dynamisiert werden. Auf diese Weise käme ein organischer Prozeß in Gang. Es entstünde nur soviel Geld, wie real zirkulieren und ausgetauscht werden könnte. Die Aufmerksamkeit jedes einzelnen wäre schon allein durch die Tatsache wesentlich geschärft, daß man darauf achten müßte, welches Geld man am schnellsten loswerden muß, ehe es entwertet wird. Für Fehler bekäme man die Quittung, so wie alle eine bekämen, wenn sie ihrem nicht mehr so jungen Körper plötzlich akrobatische Purzelbäume zumuteten.

Wieviel Geld muß sein?

Sollte in der Welt nicht mehr Geld vorhanden sein, als es dem Wert aller real vorhandenen austauschbaren Waren und Dienstleistungen entspricht?

Genau. Dieser ausgewogene Zustand ist natürlich nicht leicht zu erreichen. Er kann nur durch immer neue Korrekturen angestrebt werden. Entscheidend ist, daß er wirklich angestrebt wird. In der heutigen Wirtschaft ist das nicht so, weil das Geld sich vermehren will und weil alles dem blinden Zufall des

Marktes überlassen wird. Darin liegt die Ursache vieler sozialer Mißstände. Das meiste vorhandene Geld kann gar nicht für den realwirtschaftlichen Regenerationsprozeß eingesetzt werden. Statt der kulturell-künstlerischen Produktivität zur Verfügung gestellt zu werden, vermehrt es sich nur selbst ins Unendliche. Und es kann sich nur dadurch vermehren, daß es Zerstörungen in jeder möglichen Form hervorruft.

Es ist vergleichbar mit einem Körper, der zwei- oder dreimal mehr Blut in sich erzeugt, als für seine Gesundheit vonnöten wäre. Dies würde ihn zerstören und genau das wird durch das freischwebende Spekulationskapital bewirkt. Die ungerechte Übermacht des Geldes kann nicht anders, als immer wieder Zerstörungsherde erzeugen. Das sind die kleineren und größeren Kriege, ohne die das Weltkapital seine Macht gar nicht aufrechterhalten könnte. Auch das künstliche Hervorrufen einer Inflation ist eine Waffe dieser Macht und kann bei Millionen Kleinsparern große Schäden hervorrufen.

Sie haben angedeutet, daß der Mensch träge wird, wenn er viel Geld besitzt. Das kann man doch so pauschal nicht sagen. Wer mehr Geld hat, kann seine Begabungen doch besser pflegen, um sie dann auch für die anderen einzusetzen. Er kann eine persönliche Entwicklung im guten Sinne anstreben, und zwar in einem Maße, wie es mit weniger Geld nicht möglich wäre.

Es ist wichtig, zwischen Geldbesitz und Geldumsatz zu unterscheiden. Ein Mensch, der sehr produktiv, der sehr schöpferisch ist, wird einen hohen Umsatz zustandebringen. Durch die Hochschätzung, die sein Schaffen genießt. wird er viel einnehmen und entsprechend viel ausgeben oder weiterschenken. Und so ist es auch gut für die Gesellschaft.

Ganz anders ist es mit dem Besitz: Irgendwann einmal ist viel Geld hereingekommen, zum Beispiel durch eine Erbschaft, aber wenig wieder hinausgegangen. Das Geld bleibt beim Besitzer, es staut und vermehrt sich, statt zu zirkulieren. Das ist Trägheit, wenn man die anderen für sich arbeiten läßt. Man ist nicht darauf angewiesen, daß die eigene Tätigkeit für die anderen wertebildend sei, als Voraussetzung dafür, daß einem wiederum Wertschätzung in Form von Geld erwiesen wird.

Aber Sie haben auch gesagt, daß Geldreichtum nicht glücklich macht. Das mit dem „träge" kann ich ja noch gelten lassen, aber ich kenne viele Menschen, die reich und glücklich sind. Und ich kenne nicht wenige, die unglücklich sind, weil sie zu wenig Geld haben.

Glück oder Unglück ist wiederum etwas ganz anderes. Wenn wir Glück darin sehen, daß ein Mensch sich alles mögliche gönnen kann, ist es gar keine Frage, daß zu diesem Glück Geld gehört. Nur rede ich nicht vom Geld, das ein Mensch einnimmt und ausgibt – im Ausgeben wird er wohl glücklich sein können – sondern vom Geld, das er zurückbehält, das er nur anhäuft. Dieses Geld kann höchstens einem zukünftigen, jetzt bloß vorgestellten Glück dienen.

Derjenige, der das Geld hortet, entzieht es den anderen, und dies kann er nur tun, wenn er kaum Interesse an den anderen hat. Vielleicht ist ihm das gar nicht voll bewußt. Ich setze voraus, daß die Grundkraft der Menschennatur die Liebe ist, und daß die Liebe der Maßstab des Glücks ist. Sich selbst etwas zu gönnen, ist nur eine sehr bescheidene Form des Glücks, weil sie nur von der Selbstliebe getragen wird. Für sich und die anderen schöpferisch tätig zu sein, ist eine anspruchsvollere Art des Glücks. Da wird das Glück erst voll-

111

kommen. Nur kennen viele Menschen dieses größere Glück nicht und geben sich mit weniger zufrieden.

Sie haben wiederholt erwähnt, daß die großen Ansammlungen von Kapital die Ursache von Zerstörungen oder sogar Kriegen sind. Können Sie das etwas weiter ausführen?

Wir müssen uns diese Berge von Geld ganz anschaulich vorstellen. Was wollen die Mächtigen, die diese Berge besitzen? Sie wollen, daß ihr Kapital sich immer weiter vermehrt. Und was muß das Geld tun, um sich zu vermehren? Wo kann man es am lukrativsten investieren? Beim Übergang vom Zins zum Zinseszins hat sich auch die führende Rolle der Banken immer mehr in Richtung der Börsen verlagert. Die Banken dienten, vor allem in ihrer Gründerzeit, einer Zinsbildung, die für die arbeitsteilige Produktion unentbehrlich ist. Die Börsen dienen aber vorwiegend einer Zinseszinsbildung, die der Wirtschaft große Schäden zufügt.

Heute ist es schon längst nicht mehr möglich, alles vorhandene Geld in den realwirtschaftlichen Prozeß zu investieren, weil dieser nicht unbegrenzt Kapital verwerten kann. Die Frage ist also: Wohin mit dem ganzen Geld? Man kann einem Staat Riesenkredite gewähren – die bekannten Staatsschulden, die in Wirklichkeit Bürgerschulden sind. Aber das genügt bei weitem noch nicht, um das ganze Geld zu investieren. Man ist also gezwungen, Zerstörungsherde zu schüren, in denen der Wirtschaftsprozeß nach der Zerstörung von neuem Kapital benötigt. Der Internationale Währungsfonds ist kein Solidaritätsfonds. In seinen Milliarden sind lediglich die finanziellen Ansprüche von vielen Menschen kristallisiert. Und es ist auch kein Zufall, daß der Waffenhandel zu den größten Geschäften der Wirtschaft gehört.

Oder denken wir an einen Menschen wie George Soros, den berühmten Spekulanten. In seinem Buch „The Crisis of Global Capitalism" bezeichnet er sich als Philanthropen, als Menschenfreund. Dort finden sich Sätze wie: „There is no consensus on moral values" – im Unterschied zu „monetary values". Er meint, daß wir uns über moralische Werte einigen müssen und einen neuen Maßstab für Glück nötig haben. Nur eines sucht man in diesem Buch vergebens: auch nur die leiseste Andeutung, daß die Ursache der gegenseitigen Ausbeutung, im kleinen wie im großen, nicht in der Art des Umgangs mit den Geldbergen liegt, sondern in ihrem Vorhandensein.

Sie haben betont, daß zum Kreislauf des Geldes nicht nur die Freude am Ausgeben gehört, sondern auch die Fähigkeit, Geld anzunehmen. Dabei habe ich an die vielen Menschen gedacht, die ehrenamtliche Dienste ausüben, die sonst von keinem getan würden, obwohl sie für die Allgemeinheit sehr wichtig sind.

Natürlich bin ich sehr dafür, daß es Menschen gibt, die nicht um des Geldes willen, sondern aus reiner Schaffensfreude Leistungen erbringen, und die sich auch ohne Aussicht auf Entgelt für andere einsetzen. Aber wirtschaftlich gesehen wäre es gesünder, wenn alle Verbraucher für jede in Anspruch genommene Leistung Geld ausgeben könnten und würden. Gerade darin liegt die Möglichkeit, die verzweigte Zirkulation des Geldes zu steigern. Ein Mensch mag seine persönlichen Gründe haben, um das angebotene Geld zurückzuweisen – wirtschaftlich gesehen verhindert er dadurch die Zirkulation. Das gilt ebenso für den Empfänger einer Leistung, der auch seine Gründe haben mag, das Geld nicht herauszurücken.

Nehmen wir als Beispiel ein groteskes Schauspiel, das überall aufgeführt wird: Der Staat gibt den Arbeitslosen nur unter der Bedingung Geld, wenn sie beweisen, daß sie nicht arbeiten. Nur wenn sie nachweisen, daß sie für die anderen nichts tun, bekommen sie Geld! Und wenn sie etwas tun, ohne daß es vom Staat erfaßt und abgestempelt wird, nennt man das Schwarzarbeit. Die Bürger wären aber doch viel besser dran, wenn sie die Reife hätten, selber ihre Angelegenheiten in die Hand zu nehmen. Sie können doch selber entscheiden, wer wem Geld gibt. Dies wäre ohne weiteres möglich, wenn aus der allgemeinen Kasse alle ohne Unterschied das Nötige für ein menschenwürdiges Leben bekämen.

Meinen Sie damit, daß der Staat aufhören sollte, unsere Gelder zu verwalten? Oder meinen Sie, wir sollten generell den Banken weniger Geld geben?

Wir haben gesehen, daß die Geldwirtschaft für die arbeitsteilige Produktion stets über genügend Kapital verfügen muß. Die Wirtschaft braucht immer wieder Geldkredite, die von den Banken zur Verfügung gestellt werden. Das hat alles seine Berechtigung und in diesem Zusammenhang ist das Leihen nicht nur berechtigt, sondern auch notwendig. Die Lage ändert sich, wenn wesentlich mehr Geldkapital gebildet wird, als in Form von Krediten von der wertebildenden Wirtschaft verwertet werden kann. Das bekommen dann die Börsen, und dort wird spekuliert und Gewinn in Form von Zinseszins erzielt. Auf diese Weise bekommen die Börsen eine Übermacht über die Banken.

Was kann man tun, damit weniger Geld an die Börsen gelangt? Jede Milliarde, mit der auf der Börse spekuliert wird, wird den Bürgern entzogen – denn von dort kommt sie. Die

Bürger haben dadurch eine Milliarde weniger für ihre Angelegenheiten zur Verfügung. Aber das Geld ist den Bürger nicht unter Zwang entzogen worden. Sie haben es zum größten Teil durch ihr freiwilliges Sparen den Banken oder Börsen gegeben. Die Folge davon ist, daß mit jeder Milliarde weniger die Infrastruktur des Lebens immer mehr verkümmert und die Qualität immer weiter sinkt. Die Bürger sparen eine Milliarde, diese landet als Kapital an der Börse, und sie richten sich selbst dabei zugrunde, weil das Spekulationskapital nur seine weitere Vermehrung sucht. Das Schlimmste liegt nicht einmal darin, daß diese Milliarde den Bürgern entzogen wird, sondern darin, daß sie um des Zinseszinses willen zum Verderbnis derselben Bürger investiert werden muß.

Wenn jeder Erwerbsfähige in Deutschland im Durchschnitt jährlich auch nur 2000 Mark mehr den Menschen geben würde, die er in seinem unmittelbaren Umkreis schätzt, wenn 2000 Mark mehr von einem Menschen zum anderen Menschen aufgrund der Wertschätzung von individuellen Leistungen wandern würden, hätten wir bei etwa 40 Millionen Erwerbsfähigen gleich 80 Milliarden Mark mehr pro Jahr, über die die einzelnen Bürger selber in ihrem täglichen Leben verfügen könnten.

Die große Konzentration von Kapital ist nur bis zu einer gewissen Grenze von Vorteil – nur soweit die Wirtschaft davon profitiert. Jenseits dieser Grenze verkehrt sie sich in ihr Gegenteil, dort fängt die Anhäufung an, zerstörerisch zu wirken. 80 Milliarden Mark können fördernd sein, solange sie nicht als Einheit – als geballte Riesenmacht – auftreten, solange sie tropfenweise die Beziehungen der Menschen durch feinverzweigte Zirkulation beleben. Wenn sie aber dem täglichen Leben entrissen werden, wenn ein einziger Wille auf einmal darüber verfügen kann, dann ist der Aderlaß schon geschehen und der Schaden unabwendbar geworden. Für eine Erfassung des Wirtschaftsprozesses muß man den Unterschied zwischen Verteilung und Ballung beachten. 100 Milliarden Mark, die in kleinsten Beträgen und über eine längere Zeit von Mensch zu Mensch ausgetauscht werden, wirken ganz anders als 100 Milliarden, die als geballte Einheit auf einmal eingesetzt werden. Die letzteren haben unter Umständen die Macht, den Zins zu erhöhen, mit weitreichenden Folgen für die Gesamtwirtschaft; die kleinen Teilbeträge können das nicht. Eine Landschaft kann durch regelmäßigen Regen fruchtbar erhalten werden, aber dieselbe Menge Wasser wirkt ganz anders, wenn sie bei einem Dammbruch als geballte Einheit auf die Erde trifft.

Was geschieht in einem Land wie Rußland durch die Riesensummen des vom Internationalen Währungsfonds geliehenen Geldes? Zu diesem Geld haben nur wenige Mächtige Zugang und diese müssen so damit umgehen, daß sie mindestens einen Teil der Zinsen zurückbezahlen können. Vorher sorgen sie aber noch dafür, daß genügend Geld in ihre eigenen Taschen fließt. Die wirtschaftliche Lage der Bevölkerung insgesamt kann durch dieses Verfahren nur noch elender werden.

Es geht also nicht um die Bezahlung dafür, daß jemand etwas leistet. Denn wenn jeder das Nötige für sein Leben bekommt, braucht keiner mehr für den Lebensunterhalt zu arbeiten. Wofür wird denn dann das Geld gegeben?

Wir müssen scharf zwischen dem bloßen Bezahlen und dem Wertschätzen unterscheiden. Beim Wertschätzen ist der Verbraucher mit seinen Bedürfnissen der Maßstab, nicht der Hersteller. Wenn ich eine Dienstleistung empfange, frage ich mich: Wieviel ist sie mir wert? Wenn ich sie hochschätze, wenn sie mir viel wert ist, weil ich mich durch sie gefördert fühle, dann will ich dem Hersteller auch so viel Geld wie möglich geben, um meiner Dankbarkeit Ausdruck zu verleihen. Ich will sicher sein, daß er mich weiterhin beglücken kann. Deswegen beziehen wir auch das Bezahlen eher auf die Arbeit als auf die Leistung. Wenn bloß die abstrakte Arbeit bezahlt wird, wollen wir beim Bezahlen so wenig Geld wie möglich ausgeben. Aber die Wert- oder Hochschätzung hat mit der Arbeit nichts zu tun, sie hat nur mit dem Ergebnis der Arbeit zu tun, mit der ganz konkreten Leistung als Ware. Wenn jemand arbeitet und arbeitet, aber nichts daraus wird, wenn ich als Verbraucher nichts davon habe, was gibt es da zu schätzen? Die Bezahlung einer Arbeit, die keine reale Leistung erbringt, ist in Wirklichkeit eine erpreßte Schenkung.

Schauen wir auf die Art und Weise, wie wir unsere Künstlerinnen und Künstler bezahlen. Die meisten bekommen einen Hungerlohn, weil wir sehr geizig sind mit dem Bezahlen. Wenn dagegen eine Grundeinstellung der Hochschätzung allem Künstlerischem gegenüber vorhanden wäre, wenn wir ohne Kunst gar nicht leben könnten, weil sie uns nicht weniger wichtig wäre als das tägliche Brot, dann würden die Künstlerinnen und Künstler bestimmt zu den Menschen gehören, die am meisten Geld einnehmen und ausgeben.

Und plötzlich würden sich alle für Künstler halten!

Warum nicht? Hauptsache, sie halten sich nicht nur dafür, sondern sie verhalten sich auch so! Das ist nicht nur jedem Menschen möglich, sondern auch jedem zu wünschen.

Der erste Geiger der Wiener Philharmoniker hat seine Biographie geschrieben, mit dem Titel „Und dafür wird man noch

117

bezahlt". Damit meinte er doch wohl, daß er für seinen herr-
lichen Beruf eigentlich gar nicht bezahlt werden müßte.

Vorausgesetzt, er kann sich seine Brötchen leisten, auch ohne
Lohn zu empfangen. Er redet ja auch von Bezahlung, nicht von
Wertschätzung. Wenn der Staat ihm keinen Lohn zahlen würde,
und die Menschen ihm viel Wertschätzungsgeld – oder Schen-
kungsgeld, was ja dasselbe ist – geben möchten, würde er das
Geld zurückweisen? Mit ihrer Wertschätzung sagen ihm die
Menschen: „Du bist ein so großartiger Künstler, wir möchten,
daß sich um dich herum eine Kunstschule für unsere Jugend bildet, und die braucht viel Geld." Der heutige Kunstbetrieb wird
meistens weder geschätzt noch bezahlt, sondern staatlich sub-
ventioniert, was noch deutlicher für den Geiz der Bürger dem
Geist gegenüber spricht, denn Kunst gehört zu den wichtigsten
Schöpfungen des Geistes.

Was meinen Sie eigentlich mit dem Wort „wertschätzen"?

Mit Wertschätzung meine ich, daß der Empfänger einer Leistung konkret „einschätzen" kann, wie wichtig sie für ihn ist,
wie er sich davon gefördert fühlt und wie gut sie ihm tut. Die
Schätzung ist also Ausdruck der Dankbarkeit für eine empfangene und ganz individuell erlebte Förderung. Von der Arbeit
als solcher empfängt der Verbraucher gar nichts, sie geht ihn
auch nichts an. Was kümmert es die Leserinnen und Leser
eines Buches, wie viel eine Schriftstellerin daran gearbeitet
hat? Allein das Resultat, das Buch, interessiert sie. Nur das
können sie schätzen – und das tun sie auch.

Sie haben so nebenbei bemerkt, als ob das selbstverständlich
wäre, daß das Schenken – oder das Wertschätzen – im
Beschenkten den Wunsch erzeugt, selbst auch zu schenken.

Das erlebe ich in meinem Umkreis aber anders. Zum Beispiel werden die Eltern, die ihre Kinder am meisten beschenken, von den Kindern oft am wenigsten geachtet.

Ich bin der Auffassung, daß auf einen Menschen, der in einer Umgebung aufwächst, in der gerne geschenkt wird, diese Grundeinstellung wie die Liebe selbst wirkt – nämlich ansteckend. Wenn das nicht so ist, dann niemals, weil er in der Jugend viel beschenkt wurde, sondern trotz dieser Tatsache. Die Ursachen dafür, daß er sein Herz den anderen gegenüber verschließt, liegen woanders. Ich bleibe dabei: Wenn nicht andere Ursachen dazwischenkommen, bewirkt ein Mensch, der gerne schenkt, in allen Beschenkten den Wunsch, Liebe mit Liebe zu vergelten.

10. Gläubiger und Schuldner

Gläubiger und Schuldner – beide Begriffe sind dem theologischen Sprachgebrauch entlehnt. Der Gläubige ist einer, der den Glauben an Gott hat, und der Schuldner ist einer, der eine Sünde begangen und moralische Schuld auf sich geladen hat. Die Tilgung der Schuld erfordert eine Sühne, die darin besteht, daß die böse Tat wieder gutgemacht wird.

In der Wirtschaft muß derjenige, der Geld schuldet, nur das Geld zurückgeben, er hat keine moralische Schuld auf sich geladen. Er schuldet lediglich das Geld, im Normalfall vermehrt um den Zins. Der Zins kann von ihm durchaus als Strafe für seine Schuld empfunden werden. Wieso wird aber derjenige, der Geld verleiht, zum Gläubiger? Etwa weil er glaubt, daß er das Geld irgendwann zurückbekommt? Das wäre höchstens eine Hoffnung, nicht aber ein Glaube. Hier hilft nur die ursprüngliche Bedeutung des Wortes „Glaube", und diese ist: Vertrauen.

Der Gläubiger muß Vertrauen in die Begabungen seines Schuldners haben, denn nur diese können dafür garantieren, daß das Geld zurückerstattet wird. Gute Absichten allein reichen dafür nicht aus. Und wenn Vertrauen in die Fähigkeiten des Schuldners vorhanden ist, warum ihm nicht gleich das Geld schenken, wenn man es selber gerade nicht nötig hat? Wenn ich derjenige bin, der Geld braucht, dann weiß ich wohl, was am besten meine Begabungen fördern würde, ich weiß genau, was mir lieber wäre: Nicht das unfrei machende Ausleihen, sondern die Freiheit gewährende Schenkung!

Aber schauen wir noch genauer, was durch das Leihen bewirkt wird. Die Menschen werden dadurch in zwei Gruppen geteilt, in Gläubiger und Schuldner. Die Gläubiger sind diejenigen, die ein Vorrecht den anderen gegenüber beanspruchen, die Schuldner sind diejenigen, die eine Verpflichtung ihnen gegenüber eingehen. Wenn dies zum Dauerzustand wird – und für viele Menschen ist es in der Tat ein Dauerzustand –, wird die Gleichheit der Menschen regelrecht untergraben, die darin besteht, daß alle Menschen als Menschen die gleichen Rechte und die gleichen Pflichten haben. In dieser Gleichheit besteht die Würde des Menschen und nur im Erleben dieser Gleichheit kann jeder Mensch seine Würde erfahren.

Niemand kann beweisen, daß alle Menschen die gleichen Rechte und Pflichten haben. Man wird immer einwenden können, daß diese Gleichheit reine Behauptung ist, reine Abstraktion, weil die Menschen in Wirklichkeit sehr unterschiedlich sind, sowohl bezüglich ihrer Bedürfnisse als auch im Hinblick auf ihre Begabungen. Man wird niemals theoretisch darüber einig werden können, welche Bedürfnisse bzw. welche Begabungen ein Recht auf Befriedigung bzw. Entfaltung haben.

Wenn die Würde aller Menschen nicht Sache der bloßen Theorie ist, kann sie sich nur aus dem realen Erleben ergeben. Jeder Mensch erlebt die eigenen Rechte, empfindet das Recht auf Befriedigung seiner Bedürfnisse und auf Entfaltung seiner Begabungen. Dem, der mir dieses Recht durch Machtausübung abspricht, werde ich vorhalten, ungerecht und unmenschlich zu handeln. Ich werde das Recht empfinden, etwas dagegen zu unternehmen, um meine Rechte zur Geltung zu bringen. Die Maxime der Menschlichkeit lautet also: „Du hast nur in dem Maße Anspruch auf die Menschenrechte, in dem du das gleiche Recht den anderen zugestehst, und du dir ihr Recht zur Pflicht machst."

Die Selbstliebe ist dem Menschen angeboren, die Nächstenliebe darf er sich in Freiheit erringen. Anders ausgedrückt: Jeder
gibt seinen eigenen Rechten zunächst mehr Gewicht als den
Rechten der anderen, die ihm als Pflichten erscheinen. Dies zeigt
sich in der Beziehung zum Eigentum: Der Mensch macht sich
etwas „zu eigen" und vergißt dabei, woher und von wem das
stammt, was er sich aneignet. Im Bestreben, ganz unabhängig zu
sein, verwechselt er das Eigen-Sein mit dem Sonder-Dasein.
Jedes Organ im Organismus hat sein Eigen-Sein, jedoch keines
hat ein Sonder-Dasein: In der Absonderung von allen anderen
Gliedern könnte es gar nicht existieren. Im Bestreben, finanziell
völlig unabhängig zu sein, kann der Mensch leicht übersehen,
daß er ohne die anderen nicht existieren könnte. Die Selbstän-
digkeit ist wohl möglich in der Entfaltung der Begabungen, doch
nicht in der Befriedigung von Bedürfnissen. Nicht Schuldgefühle
sind die richtige Vergeltung für die unendliche Schuld, die jeder
allen anderen gegenüber hat, sondern die Dankbarkeit für das
Empfangene, gepaart mit dem festen Willen, sein Bestes zurück-
zugeben. Die östlichen Kulturen waren vielleicht eingeschränkt
durch die starke Betonung der gegenseitigen Abhängigkeit; die
westlichen Kulturen sind eingeschränkt durch die permanente
Betonung der Unabhängigkeit des Individuums.

Jeder Mensch schuldet alles, was er ist – nicht nur alles was
er hat – allen anderen Menschen, weil er ohne sie gar nichts
hätte werden können. Dies gilt für den Gläubiger nicht weniger als für seinen Schuldner. Jeder Mensch ist so gesehen in
jeder Hinsicht ein Schuldner auf der ganzen Linie. Und auf
der anderen Seite ist jeder Mensch aufgrund seiner einmaligen
Fähigkeiten durch und durch ein Gläubiger: Er ist glaubwürdig, würdig des vollen Vertrauens von Seiten aller anderen
Menschen, die ihm infolgedessen Kredit – auch Geldkredit –

für die weitere Entfaltung und Ausübung seiner Fertigkeiten zur Verfügung stellen. Und wir können auch umgekehrt sagen: Jeder Mensch kann sich in tausenderlei Hinsicht als Gläubiger betrachten, weil alle anderen Menschen vielfältige und einmalige Fähigkeiten haben, die ihm zugute kommen.

Die Macht des Geldes

Wir können die Menschen in Bezug auf das Geld in zwei Lager teilen: diejenigen, die zu viel und diejenigen, die zu wenig Geld haben. Hier könnte man gleich einwenden: Es gibt aber noch eine dritte Kategorie, nämlich die, die genug Geld haben. Das mag in der Theorie richtig sein, in der Wirklichkeit aber sind es sehr wenige Menschen, die von sich behaupten, genug Geld zur Verfügung zu haben. Selbst diejenigen, die viel mehr besitzen, als sie je gebrauchen könnten, wären nie zu einer solchen Anhäufung von Geld gekommen, wenn sie nicht unentwegt nach mehr gestrebt hätten.

Was macht ein Mensch, der von seinem Geld lebt, der genug Kapital besitzt und nicht arbeiten muß, um seinen Lebensunterhalt zu bestreiten? Es ist eine Abstraktion, sogar eine Täuschung zu sagen, daß er von seinem Geld lebt. Wenn das wahr wäre, müßte er seine Geldscheine essen oder trinken. In Wirklichkeit lebt er von den Waren und Dienstleistungen, die andere Menschen für ihn erzeugen oder erbringen, und er tut dies ohne Gegenleistung, wenn er wirklich von den Zinsen seines Kapitals lebt.

So müßten wir eigentlich sagen: Von Geldkapital zu leben ist eine Form von verkappter Erpressung, ist die moderne Form der Versklavung. Das Geld, das ein Mensch als Bezahlung für eine Ware oder als Schätzung für eine Leistung empfängt, setzt voraus, daß er die Ware oder die Leistung dem Zahlenden hat zukommen lassen. Nur das Geld, das auf Grund einer erfolgten Leistung empfangen wird, gibt dem Empfänger den gerechten Anspruch auf eine entsprechende Gegenleistung. Ein Mensch wird also dazu gezwungen, für den eigenen Lebensunterhalt zu arbeiten und ein anderer hat die Möglichkeit, ihn außerdem dazu zu zwingen, auch noch für *seinen* Lebensunterhalt zu arbeiten. In diesem zweifachen Zwang liegt die Macht des Geldes.

Aber ist es nicht ganz normal, daß jeder sein Geld verdienen muß? Es ist normal in dem Sinne, daß es üblich ist. Aber dieses Übliche ist für die Wirtschaft nicht gesund. Gesund wäre es, jedem Menschen das Nötige für das Leben zu schenken, ganz unabhängig von seiner Leistung. Daß diese Schenkung nicht erfolgt, bewirkt gerade, daß manche zuviel Geld haben und von ihrem Geld leben können, was in Wirklichkeit bedeutet: von einer erpreßten Schenkung.

Anders wäre es, wenn die Menschheit für den weltwirtschaftlichen Prozeß insgesamt „zu wenig Geld hätte" – sprich, nicht genügend Waren und Dienstleistungen für alle Menschen erzeugen könnte – aber dies ist nicht der Fall. Auch wenn nicht alle dazu fähigen Menschen ihr Bestes geben, genügen die tatsächlich Schöpferischen allemal, um für alle zu sorgen. Die Menschheit wird nie ohne eine genügende Zahl an schöpferischen Menschen sein, sie sind da, und sie können nicht anders, als in ihrer unverwüstlichen Schaffensfreude für alle Menschen produktiv sein. Ist es nicht so, daß die existentielle Sorge um das reine Überleben in vielen Regionen der Erde schon längst nicht mehr vorhanden ist? Und wenn das Weltkapital gleichmäßig zirkulieren würde, wäre dies nicht für alle Regionen der Erde der Fall?

Wenn wir darauf angewiesen wären, daß alle Menschen produktiv arbeiteten, könnten wir gar nicht die Kinder, die Rentner und die Arbeitsunfähigen mittragen. Daß die wirtschaftlich Produktiven dies ohne weiteres können, zeigt, daß die sogenannte Vollbeschäftigung gar nicht der Gesundheit des sozialen Organismus entspricht. Einen Arbeitsplatz zu besitzen und Geld dafür zu bekommen heißt noch längst nicht, daß man für die anderen produktiv ist. Das Problem der Gerechtigkeit liegt also weniger in der gerechten Verteilung der Arbeit als in der gerechten Verteilung der Waren und Dienstleistungen, die diejenigen erbringen, die in der Kreativität ihr Glück erleben.

Man könnte hier einwenden: In einem Organismus sorgen alle Organe füreinander und nicht nur ein Teil für alle anderen. Aber hier muß bedacht werden, daß die Menschheit erst auf dem Weg ist, immer mehr zu einem Organismus zu werden; dies immer vollkommener zu tun, liegt in der Freiheit der Menschen. Und noch eine andere Tatsache müssen wir berücksichtigen: Ein Mensch, der wirtschaftlich nicht unmittelbar produktiv sein kann, kann auf andere und uns vielleicht verborgene Weise den anderen dienen.

Es bleibt also dabei: Menschen, die aus Schaffensfreude arbeiten, arbeiten produktiver als andere. Dadurch, daß immer mehr Menschen zu dieser Einsicht kommen, wird die Produktivität in allen Bereichen des Lebens steigen. Als Folge werden immer mehr Menschen die Möglichkeit haben, in materiellem Sinne unproduktiv zu sein, um kulturell umso schöpferischer sein zu dürfen.

11. Privatbesitz oder Kollektiveigentum

Wie Geld und Geist zueinander stehen, können wir auch im Hinblick auf die Eigentumsfrage erkennen. Diesbezüglich gibt es zwei großangelegte Experimente: das Privat- und das Kollektiveigentum. Der Kommunismus, die Festlegung auf Gemeineigentum, ist vielleicht am meisten um Gleichheit bemüht, und doch ist diese Gleichheit weitgehend nur eine Gleichheit der Armut, die von Einschränkungen der individuellen Freiheit und der unternehmerischen Initiative des Einzelnen verursacht wird. Das hat die wirtschaftliche Entwicklung in einigen Ländern Osteuropas gezeigt.

Der eher westliche Kapitalismus dagegen, mit seiner Festlegung auf Privateigentum, hat reichlich individuelle Freiheiten ermöglicht, aber zumeist auf Kosten der Gleichheit. Dieses System ist nur deswegen noch nicht zusammengebrochen, weil der freie Unternehmergeist überaus produktiv ist, wie er der Menschennatur besser entspricht als jede staatliche Reglementierung. Von seinen Erzeugnissen fielen daher bis jetzt genug Brosamen selbst für die ärmsten Schichten der Bevölkerung ab. Oder sagen wir: Die breite Masse hat sich bis jetzt mit diesen Brosamen zufrieden gegeben, zumal bis vor kurzem noch deutlich zu sehen war, wie schlimm es bei denen aussah, die den Segen des Kapitalismus nicht genießen konnten.

Durch die Jahrzehnte des Kalten Krieges hindurch haben sich viele Menschen also daran gewöhnt, Kommunismus und Kapitalismus als Gegensätze zu betrachten, als Alternative, wo es darum geht, sich für die richtige Seite zu entscheiden. Aber das, was beide Systeme gemeinsam haben, ist noch viel bedeutsamer, als all ihre Gegensätzlichkeiten. Diese Gemeinsamkeit ist die Bejahung des Eigentums. Ob das Eigentum als privat oder als kollektiv behandelt wird, ist wirtschaftlich gesehen nebensächlich, verglichen mit den ähnlichen Folgen, die in beiden Systemen das Besitzen als solches hervorruft. (Ich beziehe mich hier auf das, was Besitz und Eigentum gemeinsam haben, und lasse die rechtlich relevante Unterscheidung unberücksichtigt.)

Wie ich gerade angedeutet habe, tendiert das Privateigentum im Kapitalismus dazu, die Gleichheit der Menschen und damit auf Dauer den sozialen Frieden zu gefährden. Mit dem Privatbesitz wird der Unternehmergeist zwar gefördert, aber der einseitige Egoismus des Einzelnen, der unerbittliche Kampf ums Dasein droht im Laufe der Zeit die Menschlichkeit der Beziehungen zu zerstören. Das Kollektiveigentum neigt andererseits dazu, die Freiheit des Einzelnen so gravierend einzuschränkenen, daß die wirtschaftliche Lage früher oder später unerträglich wird. Wenn die Produktionsmittel allen gehören sollen, entsteht Beamtentum und die Tendenz zur Unverantwortlichkeit. Keiner fühlt sich für die Dinge zuständig, weil keiner sie besitzt.

Es ist offensichtlich, daß beide Übel gleichermaßen eine Wirkung des Besitzens, des Besitzdenkens und des Besitzenwollens mit all seinen Folgen sind. Nur wenn wir das Besitzen – ganz gleich ob kollektiv oder privat – als tieferen Ursprung der Krankheiten des sozialen Organismus ansehen können, können wir versuchen, eine bessere Alternative zum Besitzen zu finden.

Alle Sprachen, die ich kenne, gebrauchen ein- und dasselbe Wort für Besitzen und für Besessen-Sein. Und hat jemand lange genug etwas besessen, wird er selbst davon „besessen".

Besitzen erzeugt im Besitzer die Sorge, daß sein Besitz ihm verlorengehen könne. Nur wer viel besitzt, kann Angst haben, viel zu verlieren.

Gibt es eine wirtschaftlich bessere Alternative zum Besitzen? Ja, es gibt eine. Sie besteht in der Möglichkeit, das Gute von beiden Systemen beizubehalten und das Schlimme von beiden zu vermeiden. Dies erreichen wir, indem wir jedes Besitzrecht in ein Gebrauchs- oder Nutzungsrecht umwandeln. Und das geschieht, wenn einem Menschen das Recht auf ausschließlichen Gebrauch dessen zugesprochen wird, was er für den Einsatz seiner Fähigkeiten nötig hat oder am besten verwalten kann.

Nehmen wir an, ein dazu geeignetes Gremium beschließt, daß ein bestimmter Mensch voraussichtlich die Begabung hat, zum Wohle der Allgemeinheit ein Unternehmen zu führen. Ihm wird gesagt: „Dieses Unternehmen ist nicht dein Eigentum, denn es gehört in Wirklichkeit allen Menschen. Aber weil wir meinen, daß du dieses Unternehmen am besten zum Wohl aller führen kannst, wird dir das Recht zugesprochen, von seinen Produktionsmitteln und dem Kapital, das dazu gehört, von jetzt an den ausschließlichen Gebrauch zu machen. Du hast ab jetzt das Recht, ganz in deinem Sinne über den Gebrauch dieser Gegenstände zu verfügen."

Benutzen ist besser als Besitzen

In der völligen Freiheit des Gebrauchs liegt der Unterschied zum Kommunismus, in der Möglichkeit, das Gebrauchsrecht wieder entzogen zu bekommen, der Unterschied zum Kapitalismus. Was braucht der Mensch aus dem letzten Beispiel noch mehr? Was fehlt ihm im Vergleich zum Besitzen? Gar nichts fehlt ihm. Nur die Sorgen des Besitzens fehlen ihm. Hier kommt uns die Sprache wieder zu Hilfe: Sie sieht nur im Benutzen die Möglichkeit des Genießens, nicht aber im Besitzen. So reden wir wohl vom „Nutznießer", niemals aber vom „Besitznießer"!

Auf diese Weise kann zusätzlich noch etwas Wichtiges erreicht werden: Beim Privatbesitz ist es kaum möglich, den Besitzer zur Rechenschaft zu ziehen. Aber jetzt kann er zur Rechenschaft gezogen werden für die Art und Weise, wie er von seinem „Besitz" Gebrauch macht. Denn so wie ihm nur durch Vereinbarung das Recht auf ausschließliche Nutzung zuerkannt wurde, so kann ihm auch zu jeder Zeit dieses Recht wieder abgesprochen werden. Dadurch wird verhindert, daß er aus Egoismus die Gesellschaft ausbeutet, wie es im Kapitalismus möglich ist.

Und wie vermeiden wir die negativen Folgen des Kommunismus, das Beamtentum, die bürokratische Erstickung der individuellen Freiheit? Durch genau dasselbe Mittel! Der Nutznießer weiß, wenn er nicht sein Bestes gibt und zeigt, daß er seine Fähigkeiten für das Gemeinwohl einsetzt, wird ihm das Recht auf Verwaltung abgesprochen. In der Ausführung ist ein solches Modell gewiß kompliziert, aber möglich ist es.

Der Hauptgedanke ist: Wir gebrauchen die Dinge zwar, aber wir haben es nicht nötig, sie zu besitzen. Die soziale Wirksamkeit des Besitzens liegt einzig und allein in der Art und Weise, wie die Dinge verwendet oder verwaltet werden. Zwei Menschen können Ähnliches besitzen, aber einen sehr unterschiedlichen Gebrauch davon machen: der eine zum Wohl, der andere zum Schaden der Allgemeinheit. Durch unwiderrufliches Privateigentum wird die Allgemeinheit der Willkür des Einzelnen ausgesetzt. Unter der Willkür von einzelnen Menschen, die große Besitztümer haben, sei es in Form von Geld, von Produktionsmitteln oder Immobilien, wird heute Unsägliches gelitten.

Wenn es aber jemanden geben soll, der das Recht auf ausschließlichen Gebrauch erteilen darf, dann ist dieser ja der eigentliche Besitzer der Dinge.

Das Recht auf Gebrauch geht von einem Menschen – oder einer Gruppe von Menschen – auf einen anderen über. Zu keiner Zeit ist es nötig, daß jemand besitzt. Wenn jemandem das Recht auf ausschließlichen Gebrauch abgesprochen wird – oder nehmen wir an, er stirbt –, muß bloß jemand da sein, der das Recht einem anderen erteilt.

Schauen wir das konkreter an: Jemand hat 20 Jahre lang ein Eisenbahnunternehmen geleitet, weil ihm vor zwanzig Jahren das Recht zugesprochen wurde, der ausschließliche Verwalter oder Nutzer dieses Unternehmens zu sein. Er hat die ganze Zeit die Firma niemals besessen, und auch niemals das Besitzen vermisst. Jetzt stirbt er. Da geht das Unternehmen nicht in den Besitz eines anderen über, denn zu keiner Zeit hat es jemand besessen. Es muß nur wieder jemand gefunden werden, der das Recht zugesprochen bekommt, ab jetzt ausschließlichen Gebrauch davon zu machen.

Aber wer soll denn dieses Recht zusprechen?

Das ist die schwierige Seite der Sache. Geeignete Gremien für diese Aufgabe immer neu auf den verschiedenen Ebenen zu bilden, ist im Grunde nicht leichter und nicht schwieriger, als gute Richterinnen und Richter für ein ganzes Land zu finden. Aber möglich ist es. In diesen drei Worten „Recht auf ausschließlichen Gebrauch", sind alle drei Grundelemente jedes sozialen

Organismus enthalten. Im „Recht" steckt das für alle gültige Gesetz, denn es muß eine rechtliche Grundlage für jede Übertragung von Gebrauchsrechten vorhanden sein. Der „Gebrauch" weist auf die wirtschaftliche Seite der Sache: Die Dinge werden gebraucht, es wird damit gewirtschaftet und geleistet. Und das Wort „ausschließlich" weist auf das freie Schaffen des Individuums mit seinen besonderen Fähigkeiten hin. Das Recht auf Gebrauch wird einem konkreten Menschen mit ganz individuellen Eigenschaften zugesprochen. Die Freiheit des Einzelnen wird dabei gewahrt: Er muß in voller Freiheit seine Talente dafür einsetzen können.

Es kann nicht eine Einzelperson sein, die eine solche Entscheidung des Rechtszuspruchs trifft. Sehr viele Informationen müssen zusammenfließen. Alle drei erwähnten Bereiche sollten vertreten sein. Es muß eine Person dabei sein, die die rechtlichen Möglichkeiten kennt. Dann eine Person, die sich im Wirtschaftsleben auskennt und sagen kann: Unser Kandidat muß fähig sein, den Gebrauch in eine gewisse Richtung zu lenken, weil zur Zeit eine gewisse Dienstleistung den Vorrang haben muß. Und eine weitere Person muß den Betreffenden und seine individuellen Begabungen gut kennen. In der heutigen Wirtschaft kann die menschliche Vernunft nur dann über den blinden Zufall des Marktes siegen, wenn auf allen Ebenen Zusammenschlüsse von Produzierenden, Handelnden und Verbrauchenden gebildet werden.

Weil es eine große Aufgabe ist, ein solches Gremium zusammenzusetzen, ist es selbstverständlich, daß manchmal erst nach einigen Versuchen das Richtige getroffen wird. Diese Fehlversuche sind aber keine Katastrophe, denn hat man zuerst den Falschen erwischt, kann ihm nach einiger Zeit das Recht wieder abgesprochen werden. Deshalb kann auch mehr experimentiert werden. Wenn wir aber keine Möglichkeit haben, jemandem das Recht auf den Gebrauch von etwas abzusprechen, weil er der „Besitzer" seines privaten, unantastbaren Eigentums ist, dann ist die Allgemeinheit jeder möglichen Ausbeutung ausgesetzt.

Gerade weil immer wieder auch danebengegriffen werden kann, muß man beide Möglichkeiten haben: das Recht zuzusprechen und das Recht, die Nutzung abzusprechen. Wir haben bis jetzt nur die zwei Scheinalternativen des Privat- und Kollektiveigentums erlebt. Und seit der Kommunismus – zwar nicht als Idelogie, aber in seiner praktischen Umsetzung – gescheitert ist, treten die negativen Folgen des kapitalistischen Egoismus nun auch in den ehemals kommunistischen Ländern auf.

Gesetze sind keine Gebote

Vielleicht müßte es auch moralische Richtlinien geben, zum Beispiel bei Rüstungsfirmen?

Allgemeingültige Gesetze muß es natürlich für alle Bereiche der Wirtschaft geben, also auch was die Rüstung betrifft. In der Gesetzgebung ringt eine Gemeinschaft von Menschen um gemeinsam anerkannte und für alle bindende Rahmenbedingungen. Jedes Gesetz bietet zunächst also lediglich einen Rahmen für die Befriedigung von Bedürfnissen und für die Entfaltung von Begabungen, oder wirtschaftlich ausgedrückt, für den Verbrauch und für die Produktion. In diesen beiden Bereichen muß aber ganz individuell vorgegangen werden, denn sowohl Bedürfnisse wie auch Begabungen sind individuell unterschiedlich.

Ein Gesetz hat nur einen Sinn, wenn es allgemeingültig ist, sonst wäre es kein Gesetz. Deshalb ist in der Rechtsprechung die Anwendung eines Gesetzes auf den Einzelfall nicht weniger wichtig als das Gesetz selbst. Ich bin sogar davon überzeugt, daß die besondere Begabung eines Richters, mittels der er ein allgemeines Gesetz für den Einzelfall „individualisiert", immer wichtiger werden wird, weil die Menschen sich immer weiter differenzieren. Das kompliziert zwar das soziale Leben immer mehr, es kann aber gerade dadurch immer vielfältiger werden.

Nehmen wir an, die Verwalterin einer Rüstungsfirma ist gestorben. Ich setze dabei voraus, daß niemand die Firma besitzt, was natürlich im Gesetz verankert sein muß. Die Firma geht also nicht automatisch, das heißt ohne Eingriff der Vernunft, auf die Erben über. Wem soll nun das ausschließliche Recht zur Verwaltung dieser Firma zugesprochen werden? Dabei geht es weniger um eine „moralische Richtlinie", als vielmehr darum, daß ein Mensch mit ganz bestimmten Fähigkeiten gefunden werden muß. Statt moralischer Richtlinien würde ich lieber von gesetzlichen Rahmenbedingungen sprechen, die für alle Rüstungsfirmen Gültigkeit haben sollten. Moral hat immer mit gut und böse zu tun. Ein Gesetz enthält dagegen Vereinbarungen, die sich auf Rechte und Pflichten beziehen und die auf Grund von Kompromissen getroffen werden. Im Sinne des Gesetzes kann nur das als „böse" angesehen werden, was gesetzwidrig ist – und nur *weil* es gesetzwidrig ist. Ob es auch im absoluten Sinne böse ist, interessiert im Rahmen des Gesetzes nicht. Die Kompromisse, die durch das Gesetz getroffen werden, betreffen vor allem die oft voneinander abweichenden Auffassungen von Gut und Böse. In unserem Fall geht es aber darum, einen Menschen zu finden, der die zur Nutzung einer Rüstungsfirma nötigen Fähigkeiten hat. Diese Wahl verlangt viel Lebensweisheit, eine Weisheit, die ein Gremium eher als ein Einzelner garantiert.

Natürlich kann man sich dann auch grundsätzlich die Frage stellen, ob es nicht für die Allgemeinheit besser wäre, wenn ein bestimmtes Unternehmen aufhören würde zu existieren. Heutzutage ist es eher so, daß nicht die Vernunft, sondern der Zufall des Marktes Unternehmen verschwinden läßt. Der blinde Markt – die unsichtbare Hand von Adam Smith – macht dem einen den Garaus und treibt das andere zu schwindelerregenden Aktienkursen. Aber welche Folgen hat es für die Allgemeinheit, wenn die immer reicher werden, die nur für den eigenen Profit sorgen, und die verschwinden, die für die Allgemeinheit lebenswichtig sind?

In der Fähigkeitenwirtschaft wäre die Entscheidung, welche Unternehmen fortbestehen und welche verschwinden sollen, dem blinden Zufall des Marktes entrissen und in die Hände der menschlichen Vernunft zurückgelegt. Ich bin der Überzeugung, daß die Verhängnisse, die der blinde oder vielleicht auch nicht so blinde Zufall anrichtet, im Laufe der Zeit so unerträglich werden müssen, daß der Schrei nach Vernunft laut genug werden wird. Es ist aber wichtig, daß diese Vernunft allmählich aufgebaut wird und nicht mit einem Schlag in Erscheinung tritt – denn dann erscheint sie meistens in Form einer „totalitären" Vernunft. Und diese ist nicht viel „vernünftiger" als der blinde Zufall, wie die Geschichte gezeigt hat.

12. Das Gleichnis von den Talenten

Ich denke die ganze Zeit an das Gleichnis von den Talenten im Evangelium. Was mich daran stört, ist die Grausamkeit des Besitzers. Erstens will er mehr zurückhaben als er gegeben hat und zweitens sorgt er dafür, daß der eine Knecht, der das nicht geschafft hat, einfach umgebracht wird.

Dieses Gleichnis wird sowohl im Matthäus- als auch im Lukasevangelium erzählt. Die Grundaussagen stimmen natürlich überein, nur hat jeder Evangelist andere Details hinzugefügt, und diese machen die Sache erst spannend. Bei Matthäus haben wir drei Menschen: Der erste bekommt ein Schenkungskapital von fünf, der zweite bekommt zwei, der dritte eins. Das sind die Fähigkeiten, die jeder Mensch von Gott oder der Natur mitgegeben bekommt.

Wenn es uns stört, daß sie quantitativ so unterschiedlich ausgestattet werden, können wir das mit dem griechischen Mythos vergleichen. Da sieht es nicht anders aus: Zeus gießt seine Weisheit in alle Menschen hinein und füllt jeden bis zum Rand. Nur sind die Menschen unterschiedlich groß, so bekommen manche wesentlich mehr als andere. Aber alle werden gleich gefüllt, keinem wird von daher Unrecht getan, denn voll ist voll. Die Fülle ist also das Qualitative, und sie ist viel wichtiger als die Quantität. Die Grundaussage bleibt dieselbe: Keiner bekommt weniger als er fassen kann.

Am Ende ihres Lebens kommen die drei zurück. Derjenige, der fünf Talente bekommen hat, bringt zehn daher. Wunderbar, sagt der Besitzer, gut hast du das gemacht, du bekommst einen entsprechenden Lohn dafür. Dasselbe geschieht mit dem, der zwei bekommen hatte: Der hat sie auch verdoppelt und bringt vier zurück. Der Dritte aber, der Arme, hat Angst bekommen, daß er sein Talent verlieren könnte und ist auf Nummer sicher gegangen – das war vielleicht der Anfang unserer Versicherungen. Und was hat er getan? Er hat das Talent in die Erde vergraben. Dadurch richtet er sich selbst zugrunde – nicht der Herr richtet ihn zugrunde – weil er sich nicht weiter entwickelt, weil er seine Fähigkeiten nicht weiter pflegt.

In der Lukasfassung des Gleichnisses sieht es etwas anders aus. Da muß der Verfasser sich Gedanken darüber gemacht haben, daß es doch schöner wäre, wenn alle am Anfang die gleiche Chance bekommen. So setzt er im Unterschied zu Matthäus dort an, wo die Menschen noch alle gleich waren, wie Embryonen im Mutterleib kurz nach der Befruchtung. Dort ist die Rede von zehn Menschen, die alle ganz gleich ein Pfund an Geistesfähigkeit bekommen. (Wenn diese Texte von „Talenten" reden, ist immer Geisteskapital damit gemeint, niemals das heutige abstrakte Geld. Das griechische Wort „talanton" bedeutet sowohl eine Begabung als auch eine Geldmünze.) Am Ende ihrer Entwicklung kommen die zehn zurück. Der erste hat aus seinem Pfund zehn gemacht. Was will man mehr? Er wird durch das belohnt, was er selbst geworden ist. Ein anderer hat aus seinem Pfund fünf erwirtschaftet. Das ist auch sehr gut. Der letzte aber hat – ähnlich wie im Matthäustext – sein Pfund in sein Schweißtuch versteckt – obwohl er weiß, daß der Besitzer mehr zurück haben will als er gegeben hat. (Im Griechischen heißt es „sudarion", was „Schweißtuch" bedeutet). Und in der Tat ärgert sich der Besitzer furchtbar darüber und fragt ihn: „Warum hast du denn nicht dein Pfund den anderen gegeben? Sie hätten dir geholfen und dafür gesorgt, daß etwas Gescheites daraus wird." Und der Arme muß feststellen, wie dumm es ist, nichts aus sich zu machen.

Natürlich haben diese Gleichnisse noch andere Aspekte. Aber konzentrieren wir uns auf die Frage, warum es dem einen gelingt, sein Talent weiterzuentwickeln, so daß mehr daraus wird, als er bekommen hat. Wodurch wird es mehr? Doch durch das Zusammenwirken mit anderen Menschen. In der gegenseitigen Förderung besteht die Vermehrung. Heute würden wir vielleicht sagen, in der Arbeitsteilung. Jedes Talent wird gefördert, wird weitergebracht, wenn es für die anderen Menschen eingesetzt wird. Da haben wir das Gesetz der Zirkulation, des Kreislaufs wieder!

Was hat aber der letzte Knecht getan? Statt sein Talent einzusetzen, statt es für sich und die anderen wirken zu lassen, hat er es in einem Schweißtuch oder in die Erde verborgen. Er weiß, sein Herr wird es zurückverlangen, er wird sogar mehr zurück haben wollen, als er gegeben hat. Sowohl bei Matthäus als auch bei Lukas hat der Knecht Sorge und Angst, sein Talent zu verlieren.

Wenn die göttliche Gnade lediglich soviel von uns zurückhaben wollte, wie sie uns gegeben hat, wo wäre dann unsere Freiheit? Wir hätten gar nichts von uns aus hinzuzufügen. Es wird also vorausgesetzt, daß wir in einer Entwicklung auf die Freiheit hin leben. Wir bekommen eine Grundlage, aber der Mensch ist dazu berufen, aus seiner Freiheit heraus etwas Neues hinzufügen. Deswegen will im Gleichnis der Herr mehr zurückhaben, als er gegeben hat.

Und was tut der letzte Knecht? Statt Vertrauen in die gegenseitige Förderung der menschlichen Talente zu fassen, bekommt er Angst, sein Talent zu verlieren, versteckt es ins Schweißtuch oder in die Erde. Was geschieht, wenn das Schweißtuch als Schrein gebraucht wird, um das Talent zu hüten? Das Tuch wird für den Schweiß unbrauchbar gemacht – es wird nicht mehr geschwitzt! Der Knecht braucht das Tuch nicht mehr für den Schweiß, weil er gar nicht mehr schwitzt. Mit anderen Worten: Er leistet überhaupt nichts für sich und die anderen Menschen.

In der Matthäusfassung vergräbt der letzte sein Talent in die Erde. Das ist der Grundbesitzer oder der Landbesitzer, der das Kapital in Form von Grund und Boden zum Stauen bringt. Der Besitz an Grund und Boden macht beides immer teurer, das heißt immer weniger zugänglich für die Ausübung der menschlichen Begabungen. Statt Grund und Boden den Talenten zur Verfügung zu stellen, werden sie immer teurer, immer unzugänglicher gemacht. Es dürften, um nicht das Talent dahinein zu begraben, Grund und Boden nicht käuflich sein. Keiner sollte sie besitzen, um bequem zu werden und sein Talent da hinein zu begraben.

Im Lukasevangelium wird dem Knecht gesagt: „Du hast doch gewußt, daß ich mehr zurück haben will, wieso hast du dein Talent in dem Schweißtuch versteckt? Du hättest es zumindest den anderen geben sollen, wenn du es nicht selber vermehren wolltest." Ein Talent, eine Begabung wird dadurch gefördert, daß sie für andere eingesetzt wird.

Aber keiner hat um das Talent gebeten. Warum will der Herr es nicht für sich behalten? Warum gibt er das Talent überhaupt her?

Ich denke, damit ist gemeint, daß der Mensch nicht selber seine Natur oder die Rahmenbedingungen seiner Entwicklung bestimmen kann. Er kann nicht bestimmen, wie er geschaffen ist und was ihm für die Reise mitgegeben wird. Jemand anders hat ihn zu einem talentierten und freien Wesen gemacht. Auch wenn ihm das nicht gefällt, es bleibt trotzdem so. Er kann nicht eine alternative Menschennatur schaffen, weil er nicht Gott ist. Das geht wirklich nicht, auch mit der Gen-Technologie nicht, wenn wir nicht alles durch „Zufall" entstehen lassen wollen.

Die Grundaussage dieser Gleichnisse ist: Der Mensch ist von einem anderen geschaffen worden. Er kann sich nicht an den Anfang der Schöpfung zurückversetzen, um seiner Natur andere Gesetze zugrunde zu legen. Er ist als freier, schöpferischer Geist geschaffen worden. Mit dem Schwitzen ist das Schaffen in Freiheit gemeint, es ist ein wohltuendes Schwitzen! Es ist als schwitze jemand beim Jogging oder beim spielen mit einem Kind. Dem Menschen wäre es vielleicht manchmal lieber, ohne die Strapazen der Freiheit zu leben und sein Talent zu vergraben, aber dann muß er auf Glück verzichten, denn Gott hat den Menschen so geschaffen, daß er nur im Erleben der schöpferischen Freiheit glücklich sein kann

Macht und Ohnmacht des Einzelnen

Ich kann mir vorstellen, daß mancher jetzt sagen wird: „Das mag alles in der Theorie schön und gut sein, nur sehe ich nicht, was ich als einzelner Mensch dafür tun kann, daß die Lage der Menschheit besser wird." Es liegt gerade in der Natur der heutigen Wirtschaft, daß die Zusammenhänge immer komplizierter, daß die Machtzentren durch gigantische Fusionen immer größer und undurchschaubarer werden und der einzelne Mensch sich vor lauter Sachzwängen immer ohnmächtiger fühlt. Er fühlt sich zunehmend wie vor einen Riesenmechanismus gestellt, dessen Räder eine eigene Dynamik entfalten. Und er resigniert innerlich mehr und mehr sowohl im Hinblick auf seine Fähigkeit, den Geldmechanismus zu durchschauen, als auch auf seine Möglichkeit, ihn aktiv mitzugestalten.

Aber der Einzelne ist nicht ohnmächtig, er ist im Gegenteil der einzige, der etwas, sogar viel tun kann. Nur muß er den Mut haben, bei sich anzufangen, und nicht gleich bei der ganzen Menschheit. Viele möchten gerne die Menschheit reformieren, weil die Tatsache, daß dies nicht möglich ist, ihnen die beste Ausrede bietet, doch nichts tun zu müssen. Dagegen sind es wenige, die ernsthaft bei sich selbst anfangen, weil hier die Ausrede, es sei nicht möglich, nicht gilt. Unsere Geldwirtschaft hat durch die zunehmende Globalisierung etwas zustande gebracht, was wir die Allmacht des Geldes nennen können. Das zeigt sich unter anderem daran, daß in vielen Unternehmen die Aktionäre inzwischen mehr als die Mitarbeiter oder die Kunden zu sagen haben. Das Erstaunliche ist jedoch, daß diese Allmacht des Geldes zugleich einen Zugewinn an Macht für den Einzelmenschen mit sich bringt. Geld ist gerade dasjenige, worüber jeder Mensch frei verfügt, und zwar täglich. Jeder bekommt oder verdient Geld, jeder hat Geld, jeder gibt Geld aus.

Im Geld ist die höchste Stufe der Universalisierung erreicht, es ist der anerkannte Vertreter für alle Waren und Dienstleistungen. Und gerade diese letzte Universalisierung ermöglicht gleichermaßen die letzte Individualisierung: Die Einstellung dem Geld gegenüber ist wie nie zuvor die persönliche Sache eines jeden Menschen geworden. Das Unwiderstehliche des Internet liegt gerade im direkten Zugang jedes Einzelnen zu jedem Einzelnen auf der ganzen Welt. Es veranschaulicht die Gleichzeitigkeit der Universalisierung und der Individualisierung.

Es wird immer mehr der Freiheit jedes Einzelnen überlassen, wie er mit seinem Geld umgeht, ob er es als bloßes Mittel oder als Zweck seines Lebens behandelt. Die Art und Weise, wie der Einzelne mit dem Geld umgeht, hat wiederum einen direkten Einfluß auf die Wirksamkeit des Geldes in der ganzen Menschheit. Die Entscheidungen werden hier nicht von Menschengruppen getroffen – eine Gruppe als solche kann nichts entscheiden, weil sie keinen Willen hat – sondern von Einzelindividuen. Wie die Gruppierungen entstehen und wie sie zusammengesetzt sind, ist erst die Folge von Entscheidungen, die jeder Einzelne zuvor treffen kann.

Das erste also, was jeder anstreben kann, ist ein Bewußtsein seiner absoluten Freiheit dem Geld gegenüber. Dabei wird eine radikale Wahl zwischen zwei Grundeinstellungen, die sich gegenseitig ausschließen, täglich von jedem getroffen, bewußt oder unbewußt. Viele Menschen nehmen das Geld wichtiger als sich selbst. Die notwendige Bewußtseinswende wird immer dann vollzogen, wenn Menschen durchschauen, wie viel glücklicher das Leben wird, wenn man den Menschen wichtiger nimmt als das Geld, wenn man aufhört, nur für Geld zu arbeiten und anfängt, in seiner Arbeit die eigene Erfüllung und die gleichzeitige Förderung aller anderen Menschen anzustreben.

Es steht jedem frei, soviel Geld wie möglich zu horten, Berge davon anzuhäufen – oder es so oft wie möglich wieder in seinen natürlichen Kreislauf zurückzuführen. Die Angst, die dabei überwunden werden muß, ist die höchstpersönliche Angst eines jeden. Jeder kann sie nur selbst überwinden und zwar jeden Tag aufs Neue. Dabei sind Überlegungen wie diese hilfreich: Geld empfangen macht Freude, Geld ausgeben macht noch mehr Freude. Geld haben dagegen ist bloß eine

Vertagung des Glücks, bloß die Vorstellung einer möglichen Freude in der Zukunft, die von einer unterschwelligen Angst vergiftet wird. Wenn ich einen Fünfzigmarkschein geschenkt bekomme, werden zwei Menschen glücklich gemacht, der Geber und ich. Wenn ich denselben Schein ausgebe oder weiterschenke, sind auch wieder zwei glücklich darüber. Das macht zusammen schon vier Glückserlebnisse! Wenn man das auf viele Millionen Menschen hochrechnet, kann man sich kaum vorstellen, welche unermeßliche Steigerung des Glücks bei erhöhtem Geldumlauf in der Menschheit erlebt werden könnte. Eine ungeheure Dynamisierung der Weltwirtschaft wäre die Folge.

Angesammeltes Geld wird anderen gestohlen, nicht weil es von ihnen kommt, sondern, weil es nicht zu ihnen zurückkehrt. Erhalten ist gut, behalten ist schlecht: Das erste bringt das Geld in Bewegung, das zweite hält seinen Kreislauf auf. Jedes Behalten des Geldes ist demzufolge ein Vorenthalten. Der Grund, warum viele Menschen in Geldmangel leben müssen, liegt darin, daß die anderen es nicht ausgeben oder schenken. Sie machen stattdessen Berge daraus – Banken und Börsen – und wundern sich dann, daß es so schwierig ist, diese Berge sinnvoll zu versetzen, das heißt, das ganze Geld vorteilhaft zu investieren.

Diese Geldberge sind genauso sinnlos, als wenn der physiologische Organismus, um sich die Strapazen der verzweigten „Minitransaktionen" des Blutes, die überall an der Peripherie von Zelle zu Zelle geschehen, zu „ersparen", das ganze Blut lieber im Herzen sammeln würde, um es dann auf einmal literweise direkt an die großen Zentren des Organismus zu verfrachten. So haben wir eine Weltbank, einen Internationalen Währungsfonds, die den Millionen Menschen – den Zellen des sozialen Organismus – ihre Tropfen Geldflüssigkeit abnehmen, um sie dann literweise in den Machtzentren der verschiedenen Nationen zu investieren. Das Bestürzende dabei ist, daß die Zahl der Menschen zunimmt, die ganz freiwillig ihre „Tropfen" Geld lieber der Börse als einem Menschen geben, der ihr „Nächster" ist. Der natürliche Organismus bleibt aber gerade dadurch gesund, daß jede Zelle das Blut ganz natürlich der ihr benachbarten Zelle weitergibt. Wäre der Mensch nicht besser dran, wenn er sich von der Weisheit der Natur eine Scheibe abschneiden würde?

Es stimmt zwar, daß kein Unternehmen ohne Ansammlung von Kapital existieren kann, denn das Kapital allein ermöglicht eine zentralisierte Verfügung über die Produktionsmittel. Nur: Wenn in einer Firma der Geldgewinn wichtiger wird als die Qualität dessen, was diese Firma für die Menschen zu leisten hat, dann wird im Laufe der Zeit leicht viel mehr Kapital angehäuft, als für diese Firma gut ist.

13. Geld für den Geist, Geld für den Menschen

Nicht die Ansammlung von Kapital ist das Problem, sondern die zugrundeliegende Lebenseinstellung, die sich das Geldverdienen zum Ziel setzt und alles andere nur als Mittel zu diesem Zweck betrachtet. Diese Einstellung ist es, die wir in aller Ehrlichkeit ins Auge fassen müssen, wenn wir an die Wurzel des Übels gelangen wollen. Und die richtige Einstellung kann nur jeder bei sich pflegen. Alle Menschen, die das tun, haben die Chance, glücklicher zu werden – und nicht nur das: Der ganze soziale Organismus kann dadurch gesunden.

In den letzten Jahrhunderten hat der Menschengeist die Welt der Materie erobert. Die Atomtechnik ist bis zur Grenze zwischen Stoff und Energie vorgestoßen. Die Gentechnik forscht an der Schwelle zwischen Leben und Tod und will sich der kleinsten Bausteine des Lebens bemächtigen. Die Informationstechnologie will das Nebeneinander des Raumes und das Nacheinander der Zeit in Nanosekundenschnelle aufheben. Das Hier und Jetzt soll zum Überall und Immer werden.

Die Schwelle, die unsere jetzige Kultur wie im Taumel, nur halb bewußt, überschreitet, liegt an der Grenze der physischen Welt. Die Menschen werden immer schmerzlicher erfahren, daß es eine Grenze für alles gibt, was physisch-materiell ist. Es gibt eine Grenze für das, was ich auf einmal essen oder trinken kann, es gibt eine Grenze der Jugend, es gibt eine Sättigung des materiellen Wohlstandes, es gibt eine Grenze des wirtschaftlichen Wachstums überhaupt. Wenn der Mensch diese Grenzen nicht achtet, wenn er das natürliche Maß aus dem

Auge verliert und maßlos wird, dann rächt sich die Natur, und er wird krank.

In der Wirtschaft ist es nicht anders: Es liegt in der Natur der modernen Kapitalbildung und Arbeitsteilung, daß die Produktion ungeheuer gesteigert werden kann und dadurch alle Waren immer billiger werden. Diese Entwicklung kann aber nur in dem Maße gesund bleiben, in dem auch das Geld entsprechend entwertet wird. Und das heißt, immer mehr Geld in Form von Schenkungen den reinen Konsumenten zukommen zu lassen: der Jugend, den älteren Menschen und den kulturell Produktiven.

Der Mensch hat einen Körper, aber er ist Geist. Alles Körperliche ist kostbares, unentbehrliches Werkzeug für den Menschengeist. Es ist gleichsam ein Musikinstrument für das Ertönen der Melodien seiner Seele und der Klänge seines Geistes. In den letzten Jahrhunderten, im Zeitalter der Hypnose durch die Industrialisierung, hat der Geist des Menschen all seine Kräfte, all seine Erfingungsgaben den Maschinen gewidmet. Vom einfachsten Computer bis zum modernsten Flugzeug begleiten uns die Maschinen immer und überall. Die Schwelle, die wir zu überschreiten haben, trennt das Zeitalter der Maschine vom Zeitalter des Menschen. Derselbe Geist, der schon so lange im Dienst der Maschine steht, wartet jetzt darauf, eine Kultur der Menschlichkeit hervorzubringen. Eine Vermenschlichung der Kultur ist auch das, was die heranwachsende Jugend sucht, auch wenn sie sich dessen nicht voll bewußt ist. Die Langeweile eines Menschen, der zu viel hat und zu wenig ist, ist eine tiefe, wenngleich nicht klar bewußte Sehnsucht nach der Vergeistigung der Kultur. In der Öffentlichkeit, wo fast nur noch Politik und Wirtschaft – Macht und Geld – eine Rolle spielen, sehnt sich besonders die Jugend nach mehr Kultur. Und Kultur heißt, mehr Mut zur öffentlichen Auseinandersetzung über die Werte unseres Lebens, über den Sinn des Daseins überhaupt.

Wo das Geld zum Diener des Menschen wird, kann sich jeder Mensch mehr und mehr als individuelles, geistbegabtes Wesen erleben. Er kann durch die intuitive Kraft seiner moralischen Phantasie das erkennen, was getan werden muß, um eine menschenfreundliche Wirtschaft zu gestalten. Je intensiver jemand das erlebt, je tiefer seine Schaffensfreude wird, desto unerschütterlicher wird sein Vertrauen in jeden Menschen und in das Leben sein.

Die geistige Entwicklungsfähigkeit des Menschen kennt im Gegensatz zu allem Physisch-Materiellen keine Grenzen. Unserer Erkenntnis sind keine Grenzen gesetzt unsere Liebesfähigkeit kennt keine Schranken. Die Macht jedoch erfährt ihre Grenze in der Zerstörung, die sie anrichtet – die Liebe zum Menschengeist heilt von jeder Zerstörung und hebt alle Schranken auf. In jedem Funken von Begeisterung steckt Geist! Wer die Begeisterung nicht kennt, für den gibt es als kümmerlichen Ersatz nur das Geld. Wie kann man das jemandem verdenken, wenn er keine Ahnung hat, was ihm fehlt? Und diejenigen, die vom reinen Glück der Begeisterung leben dürfen, werden sie nicht gerne den anderen so viel wie möglich von ihrem Geld zur Verfügung stellen?

Die Wahl zwischen Macht und Menschlichkeit wird jeden Tag von jedem Menschen getroffen. Macht ist überall dort zu finden, wo es Gewinner und Verlierer gibt, Menschlichkeit wird da erlebt, wo es nur Gewinner gibt, weil alle einen Gewinn für alle anstreben. Die gegenseitige Förderung ist das Lebensgesetz der Glieder eines Organismus. Die Weltwirtschaft wird in dem Maße gesunden können, in dem alle Menschen gefördert werden.

Die tiefste Menschlichkeit wird durch das Schenken erlebt, das menschliche Fähigkeiten im Hinblick auf die Zukunft fördert. Die Beschenkten können von Bedürfnissen befreit ihre Begabungen zum Wohle aller einsetzen. So werden wir alle immer mehr Menschlichkeit erleben, wenn wir den ganzen Menschen in jedem Menschen sehen und fördern.

Über den Autor

Pietro Archiati wird 1944 bei Brescia geboren und wächst als viertes von zehn Kindern in einer Bauernfamilie auf. Er besucht eine Klosterschule und studiert Theologie und Philosophie in Rom und München. Während seiner Studienjahre fällt er oft mit seinen rebellischen Forderungen auf: Er setzt sich erfolgreich gegen Ausgangssperren ein und erwirkt eine Lockerung der Verbote bezüglich Zeitungen, Alkohol und Frauen. Mehrere Jahre arbeitet er in Laos und New York.

Dann verliert er plötzlich seine Stimme. Erst nach drei Jahren des Schweigens, die er als Einsiedler am Comer See verbringt, wird die Ursache erkannt: ein nach innen gewachsener Schilddrüsenkropf. Nach der erfolgreichen Operation folgt Archiati einem Ruf an ein Priesterseminar in Südafrika. Mittlerweile hat er das Gedankengut Rudolf Steiners für sich entdeckt. Anthroposophisch angehauchte Seminare an einer Ausbildungsstätte für katholische Priester? Dieses mutige Experiment ist vielen ein Dorn im Auge und führt letztlich zum Bruch mit der katholischen Kirche.

Wenige Jahre später wiederholt sich diese Erfahrung – jetzt mit der anthroposophischen Gesellschaft. Archiati, dessen Begeisterung für Rudolf Steiner vor allem auf dessen universeller, undogmatischer und unsektiererischer Grundhaltung beruht, kann dort keine geistige Heimat finden.

„Wo die Menschen sind, bin ich zu Hause." Als freiberuflich tätiger Schriftsteller wohnt Pietro Archiati heute im Nordschwarzwald. Einen großen Teil des Jahres ist er als Kursleiter und Vortragsreisender unterwegs. Zahlreiche seiner Bücher sind auf Deutsch, Italienisch, Englisch, Französisch, Holländisch und Tschechisch erschienen.